AF358967

MAGASIN THÉATRAL.

CHOIX DE PIÈCES NOUVELLES.

JOUÉE SUR TOUS LES THÉATRES DE PARIS.

THÉATRE DE L'AMBIGU-COMIQUE.

LES ORPHELINES D'ANVERS,

Drame en cinq actes.

PARIS.

MARCHANT, ÉDITEUR,

Boulevart Saint-Martin, 12.

BRUXELLES.

TARRIDE LIBRAIRE, PASSAGE DE LA COMEDIE;

...pression des 27 vol. formant la BIBLIOTHEQUE DE VILLE ET DE CAMPAGNE, ...ment terminée; nous prévenons nos Souscripteurs qu'il paraîtra le 1er octobre de ...année deux nouveaux volumes faisant suite à cette collection; ces volumes comme ceux ...ubliés se vendront séparément.

CATALOGUE DES PIÈCES

DE LA

BIBLIOTHÈQUE DE VILLE ET DE CAMPAGNE,

(2ᵐᵉ ÉDITION DU MAGASIN THÉATRAL).

ILLUSTRÉE DE GRAVURES SUR BOIS ET DE PORTRAITS D'ACTEURS.

Chaque volume se vend séparément : 3 fr. 50 c.

TOME PREMIER.

Marino Faliero, tr. 5 a. par C. Delavigne.	50
L'Homme du siècle, dr. h.	40
Le Royaume des femmes, f.	30
Le Sauveur, com. 3 a.	40
L'Amitié d'une jeune fille, m.	40
Je serai Comédien, c. en 1 a.	30
Le Curé Mérino, dr. 5 a.	50
Antony. d. 4 a. par Al. Dumas	50
Le Mari d'une muse, com.-v.	30
Les 4 Ages du Palais-Royal.	40
Juliette, dr. en 3 a.	40
Une Dame de l'Empire, c.-v.	30
La Paysanne demoiselle, v.	40
Les Liaisons dangereuses, d.	40
Un de plus, com.-v. 3 a.	40
Le Doigt de Dieu, dr. 1 a.	30
L'honneur dans le crime, d.	50

TOME II.

Catherine Howard, dr. en 5 a. par Alexandre Dumas.	50
Une Passion, v. 1 a.	30
La Vénitienne, dr. 5 a.	50
Théophile, com.-v. 1 a.	30
Pécherel l'empailleur, v.	30
Estelle, com.-v. 1 a.	30
L'Apprenti, v. en 1 a.	30
Salvoisy, com. en 2 actes,	40
Lestocq, op.-com. 4 actes.	50
Turiaf-le-Pendu, v. 1 a.	30
Un Enfant, dr 4 a.	40
Le Capitaine Roland c.-v.	30
La Nappe et le Torchon, c.-v.	40
Les Duels, com.-v. 2 a.	40
L'Ambitieux, com. 5 a.	50
Le Commis et la Grisette, v.	30
Heureuse comme une princesse	40

TOME III.

Les Enfans d'Edouard, trag.	40
Mari de la veuve, A. Dumas.	30
Les Deux Borgnes, fol.-v.	30
Prêtez-moi 5 francs, mél.	40
Le Juif errant, drame fant.	50
La Lectrice, v. 2 a.	30
La Famille Moronval, dr. 5 a.	50
Morin, dr. nn 5 a.	50
Mon Ami Grandet, v.	40
Le Ramoneur, v.	30
La vie de Napoléon, sc. ép.	40
Latude, mél. hist.	50
La Prima Dona, v. 1 a.	40
Georgette, v.	30
Le For-l'Evêque, v.	40
Frétillon, v. en 5 a.	50
1834 et 1835, revue épis. 1 a.	30
La Fille de l'Avare, v. en 2 a.	50

TOME IV.

Napoléon, par Al. Dumas.	50
Atar-Gull. mél. 4 a.	40
Être aimé ou mourir, c.-v.	30
Dolly, drame en 3 actes.	40
Les Chauffeurs, mél. en 3 a.	40
Les Pages de Bassompierre.	30
Farinelli, com.-hist. 3 a.	40
La None sanglante, d. 5 a.	50
La Marquise, op.-com. 1 a.	40
Fich-Tong-Kang, v. 1 a.	40
Mademoiselle Marguerite.	30
Les Gants jaunes, v. 1 a.	40
Le Cheval de Bronze, o.-c. 3 a.	40
Les Beignets à la Cour, c. 1 a.	30
Le Père Goriot, v. 2 a.	40
Fleurette, drame 3 a.	40
Etienne et Robert, v.	30
Une Mère, dr. 2 a.	40

TOME V.

Charles VII, tragédie en 5 a. par Al. Dumas.	50
Mad. d'Egmont, com. 3 a.	40
La Traite des Noirs, drame.	50
Karl, drame en 4 actes.	40
La Croix d'or, com.-v. 2 a.	40
Jeanne de Flandre, mél.	40
Une Chaumière et son cœur,	40
On ne passe pas, vaud. 1 a.	30
Cornaro, parodie d'Angélo.	40
Cromwell, drame 5 actes, par Cordelier Delanoue.	50
Mathilde, com. 3 a.	40
Ma Femme et mon Parapluie.	30
La Berline de l'Émig. d. 5 a.	50
Le Curé de Champaubert, v.	40
L'Habit ne fait pas le moine, v.	40
Marguerite de Quélus, d. 3 a.	40
Les deux Reines, op.-c.	30

TOME VI.

Thérésa, d. 5 a. par A. Dumas.	50
Charlotte, dr. 3 a.	40
La Consigne, com.-v. 1 a.	30
Pauvre Jacques c.-v. 1 a.	30
Madelon Friquet, v. 2 a.	40
L'Aumônier du régiment, 1 a.	40
Un Mariage sous l'emp. v. 2 a.	40
La Pensionaire mariée, c.-v.	40
Le Mariage raisonnable, c. 1 a.	30
La Tirelire, com.-v. 1 a.	40
La tache de sang, d. 3 a.	40
La Savonnette impériale, v.	40
André v. 2 a.	40
Jean-Jean, parodie en 5 pièc.	50
La Sonnette de nuit, c.-v. 1 a.	40
La Fiole de Cagliostro, v.	40
Infidélités de Lisette, v. 3 a.	40
Les Enragés, tabl. villageois.	30
Jérusalem délivrée.	50

TOME VII.

Angèle, d. 5 a. par Alexandre Dumas.	50
L'Homme du monde, d. 5 a.	50
Le Conseil de révision, v. 4 a.	40
Le Procès du mar. Ney, 4 a.	30
Valentine, dr.-vaud. 2 actes par Scribe et Mélesville.	40
Coquelicot v. 3 a.	40
Pensionat de Montereau.	30
La Folle, dr. 3 a.	40
Le Gamin de Paris, c.-v. 2 a.	40
Le Transfuge, d. en 3 a.	40
M. et Mme Galochard.	30
Les Chansons de Désaugiers.	40
Le Prevôt de Paris, mél. 3 a.	40
Gilblas, v. 3 a.	40
Renaudin de Caen, c.-v. 2 a.	40
Chut ! 2 actes, par Scribe.	40
Cotillon III, c.-v. 1 a.	40

TOME VIII.

La Chambre Ardente, d. 5 a. par Mélesville et Bayard.	50
Le Moine, dr. 4 a.	40
Héloïse et Abeilard, d. 5 a.	50
La Laide, d. 3 a.	40
L'Enfant du Faubourg, v. 3 a.	40
L'Ingénieur, d. 3 a. par Ch. Duveyrier	40
La Marq. de Prétintaille, v. 1 a.	30
Don Juan de Marana, myst. par Alex. Dumas.	50
Le Démon de la nuit, v. 2 a.	40
Un Procès criminel, c. 3 a. par Rosier.	50
Le Comte de Horn, dr. 3 a.	40
Un Bal du grand monde, v. 1 a.	40
Le Barbier du Roi d'Aragon 3 a. par Dupeuty, Fontan et Ader.	40
Reine, Cardinal et Page, v.	30

TOME IX.

La Vaubalière, or. 5 a.	50
Jeanne Vaubernier, c. 3 a.	40
Indiana, dr. en 5 parties.	40
Jours gras sous Charles IX, d. par Lockroy et Arnould.	40
Mistress Sidons, c.-v. 2 a.	40
Tout ou Rien, dr. 3 a.	40
Amazampo, dr. 4 a. 6 t.	50
Christiern, mél. 3 a.	40
Casanova, v. 3 a.	40
Georgine, c.-v. 1 a.	30
Sir Hugues, par Scribe. dr.	40
Arriver à propos, v. 1 a.	30
Marie, par Mme Ancelot.	50
Pierre le Rouge, par de Rougemont, Dupeuty et Antier.	40
La Femme de l'épicier, v. 1 a.	30
L'Épée de mon père, v. 1 a.	30

TOME X.

Kean, drame en 5 actes par A. Dumas.	50
Père et Parrain, v. 2 a.	40
Les Deux Divorces, c.-v. 1 a.	30
Un Cœur de mère c. v. 2 a.	40
Jaffier, drame en 5 a.	50
Le Muet d'Ingouville, c.-v. 2 a	40
El Gitano, mél. 5 a.	50
Léon, drame en cinq actes, par Rougemont.	40
Fils d'un agent de change, 1 a.	30
Le comte de Charolais, c. 3 a.	40
Le Mari de la dame de chœurs	50
Roquelaure, vaud. 4 a.	50
Madame Favart, com. 3 a par Xavier e Masson.	40
L'Ambassadrice, op.-c. 3 act. par Scribe.	40

TOME XI.

L'Année sur la Sellette, rev.	1.30
Le Secret de mon oncle, v. 1 a	30
La Nouvelle Héloïse, dr. 3 a.	40
Gaspardo, par M. Bouchardy.	50
La Chevalière d'Éon, v. 2 a.	40
Le Postillon de Lonjumeau,	40
Austerlitz, événement hist. 3a.	40
Le muet de St-Malo, v. 1 a.	30
Riche et Pauvre, dr. 5 a.	50
Stradella, com. 1 a.	40
La Laitière et les 2 Chasseurs	30
Huit ans de plus, mél. 3 a.	40
La Champmeslé, c.-anec. 2 a.	40
Michel, c.-v. 4 a.	40
Les sept Infans de Lara, d. 5 a.	50
Paraviadès, dr. 3 a.	40
Père et Fils v. 1 a.	30
Le Portefeuille ou 5 Familles,	50

TOME XII.

Riquiqui, com.-vaud. 3 a.	40
Un grand Orateur, c.-v. 1 a.	30
Trop heureuse, c.-v. 1 a.	40
Le Paysan des Alpes, dr. 5 a.	50
La Vieillesse d'un grand roi,	40
L'Étudiant et la grande Dame,	40
La Comtesse du Tonneau, 2 a.	50
Polly, com.-vaud. 3 a.	40
Le Bouquet de bal, c. 1 a.	30
La Vendéenne, c.-v. 1 a.	30
Julie, com. 5 a.	30
L'honneur de ma Mère, dr. 5 a.	50
Eulalie Granger, dr. 5 a. par Rougemont.	50
Schubry, com.-vaud. 1 a.	30
L'Ange Gardien, dr.-v. a.	40
Miel et Vinaigre, c.-v. 1	30
Femme et Maîtresse, c.-v. 1 a.	30

TOME XIII.

Un Chef-d'Œuvre inconnu,	40
Jeanne de Naples, dr. 5 a.	50
Le Gars, dr. 5 a.	50
Vouloir c'est Pouvoir, c.-v. 2 a.	40
Mina, com.-vaud. 2 a.	40
Le 3me et le 4me, v. 1 a.	30
Le Père de l'Enfant, c.-v. 2 a.	40
Sans Nom ! mystère en 1 a.	40
L'Agrafe, mélod. 3 a.	40
Le Mari à la ville et la Femme à la campagne, c.-v. 2 a.	40
Une Fille de l'Air, féerie, 3 a.	50
Le Château de ma Nièce, c. 1 a.	30
La Fille d'un Militaire, c. 2 a.	40
Le Tour de Faction v. 1 a.	30
La Double Échelle, op.-c. 1 a.	40
Bruno le Fileur, v. 2 a.	50
Un Jour de Grandeur, dr. 3 a.	40

TOME XIV.

Le Tourlourou, vaud. 1 a.	50
Le Bon Garçon, c. 1 a.	30
L'Officier Bleu, dr. 3 a.	50
Portier je veux de tes cheveux	40
Rita l'Espagnole, dr. 4 a.	50
Piquillo, op.-com. 3 a.	40
Le Café des Comédiens. v. 1 a.	40
Thomas Maurevert, dr. 5 a.	50
Pauvre Mère ! dr. 5 a. par Francis Cornu et Auger.	50
Spectacle à la Cour, c.-v. 2 a.	40
Le Domino Noir, op.-c. 3 a. par Scribe.	50
Longue-Épée, dr. 5 a.	50
Maria Padilla, en 3 a.	40
Roméo et Juliette, trag. 5 a. par Frédéric Soulié.	50
La Folie Beaujon, vaud.	30

TOME XV.

Marquise de Senneterre, c. 3 a.	40
Caligula, 5 a. par A. Dumas.	50
L'Ile de la Folie, r. 1 a.	30
La Dame de la Halle, v. 2 a.	40
Les Saltimbanques, par. 3 a.	50
A Trente ans, v. 3 actes, par Rosier.	40
L'Élève de St-Cyr, dr. 5 a.	50
Marcel, dr. 4 a.	50
La Maîtresse de Langues, 1 a.	40
Le Cabaret de Lustucru, 1 a.	40
L'Interdiction, dr. 2 a.	40
La Pauvre Fille, mél. 5 a.	50
Isabelle, com. 3 a.	40
La Petite Maison, c.-v. 2 a.	40
La Demoiselle Majeure, v. 1 a.	30
M. et Mme Pinchon, c.-v. 1 a.	30
Mlle Dangeville, c.-v. 1 a.	40

TOME XVI.

Arthur, c.-v. 2 a.	40
Les Suites d'une faute, d. 5 a.	50
Les Enfans du délire, v. 1 a.	40
Matéo, d. 5 a.	50
Le Mariage en Capuchon, v. 2 a	40
A Bas les hommes ! v. 1 a.	40
La Bourse de Pézénas v. 1 a.	30
Lord Surrey, dr. 5 actes par Filion et de Josserand.	50
Simon Terre-Neuve. c.-v. 1 a.	30
Gaspard Hauser, d. 4 a. par Anicet et Dennery.	50
Les deux Pigeons, c.v. 4 a.	40
Mathias l'Invalide, c.-v. 2 a.	40
Impressions de Voyages, v. 2	40
Geneviève de Brabant, m. 4 a.	50
Rafael, d.-c. 3 a.	40
Faute de s'entendre, c. 1 a.	30

LES ORPHELINES D'ANVERS.

DRAME EN CINQ ACTES ET SIX TABLEAUX,

PAR M. JOSEPH BOUCHARDY,

REPRÉSENTÉ POUR LA PREMIÈRE FOIS, A PARIS, SUR LE THÉATRE DE L'AMBIGU-COMIQUE, LE 30 OCTOBRE 1844.

PERSONNAGES.	ACTEURS.	PERSONNAGES.	ACTEURS
GUILLAUME DE NASSAU (père noble)	MM. Latouche.	RIPERDA, ministre de Guillaume (id.)	Lauré.
BERTHOL (premier rôle)	Mélingue.	L'ÉCONOME de l'Hospice (id.)..	Alexandre
DANIEL (premier comique)....	Chilly.	JEAN (rôle de convenance).....	Berthollet.
UN ETRANGER (père noble ou au besoin troisième rôle).....	Mathis.	FRITZ (id.)	Rocheux.
		UN GARÇON D'HOTELLERIE (id.)	Francisque.
GEORGES (premier amoureux)..	Albert.	MARIE (jeune premier rôle)....	Mme E. Guyon.
TOM (deuxième amoureux).....	Lacressonnière.	JEANNE (première amoureuse)	Mlle Deslandes
UN FUGITIF (rôle sérieux de convenance)...............	Didièr.		

JOURNALIERS HOLLANDAIS.
SOLDATS ESPAGNOLS.

La scène se passe à une lieue d'Amsterdam, en 1665

ACTE PREMIER.

Une cour d'auberge. Grande baie ouverte au fond par laquelle on aperçoit un paysage coupé par trois routes. A droite, un pavillon au premier plan; porte des écuries au second. A gauche, au premier plan, un escalier de bois montant à une porte latérale; au second, porte donnant dans l'auberge; à gauche, un banc de bois; à droite, une table d'auberge et des escabeaux. Au lever du rideau Tom est en scène et s'occupe à nettoyer une arquebuse sur le banc. Quatre soldats et un chef espagnols passent au fond.

SCÈNE PREMIÈRE.

TOM, SOLDATS, *puis* GEORGES, *puis* L'ÉTRANGER.

Les soldats passant au fond semblent hésiter et ne savoir quelle route ils doivent prendre; l'un d'eux apercevant Tom dans la cour, y entre.

LE SOLDAT, *à Tom.* Avez-vous vu passer la compagnie des Pointeurs?

TOM, *quittant son arquebuse.* Ah! ah! encore des retardataires... Oui, oui, et vous allez facilement l'atteindre. (*Il monte la scène.*) Tenez! suivez la route que borde cette auberge; sitôt que vous serez sur la hauteur, vous verrez briller les uniformes. (*Aux Soldats, qui ont pris la route.*) Dites donc, les Espagnols... Faut pas dire merci... ça pourrait vous compromettre... (*Redescendant la*

La droite et la gauche sont celles du spectateur.

1844

scène.) Revenez une autre fois me demander votre chemin, je vous enverrai faire un tour dans la forêt... (*Reprenant son arquebuse.*) Voyons un peu, si je pourrais venir à bout de replacer tout cela. Voici bien le porte-poudre... Oui, mais... les visses.... C'est cela... Non, je me trompe encore...

GEORGES, *entrant par le fond, son arquebuse sur l'épaule, la pose près de la muraille au fond ainsi que sa gibecière.* Bonjour, Tom !

TOM. Bonjour, Georges... Tiens ! tu arrives fort à propos.

GEORGES. Et pourquoi?

TOM. Parce que j'ai eu bientôt fait de démonter cette arquebuse, et depuis une grande heure...

GEORGES, *prenant l'arquebuse des mains de Tom.* Tu ne peux la remonter, n'est-ce pas ?... Parbleu ! je crois bien... tu mets la batterie à l'envers... Laisse-moi faire.

Il revisse la batterie.

TOM. As-tu fait bonne chasse?

GEORGES. Non. Tiens, prends dans ma gibecière, il n'y a qu'un lièvre que j'apporte à maître Daniel. (*Tom va prendre le lièvre et le pose sur la table.*) Le tambour a fait trop de bruit ce matin.

TOM. En effet... Dis-moi un peu, Georges, où l'on va mettre tous les régiments qui se rendent à Amsterdam.

GEORGES. La citadelle seule peut contenir cinq mille hommes, et les Espagnols se précautionnent.

TOM. Je crois bien que la journée ne se passera pas sans coups de canon.

GEORGES. Moi, j'en suis sûr.

TOM. Tant mieux!

GEORGES. Oui, si le prince Guillaume de Nassau est, comme on le dit, caché dans les environs... Tiens, voilà ton arquebuse.

TOM, *la prenant.* Merci, Georges ; maintenant vienne la bataille.

GEORGES. Et nous pourrons nous y rencontrer... Où est donc le maître ?...

TOM. Chez le vaguemestre.

GEORGES. Avez-vous logé beaucoup de monde cette nuit?

L'ÉTRANGER, *qui est entré par le fond, à part en regardant Georges.* Le voilà !

Il descend la scène et va près de la table.

TOM. Non. Un vieillard avec sa fille ; tous deux ils ont été réveillés plus de dix fois par les rondes espagnoles qui sont venues vérifier leurs passe-ports.

L'ÉTRANGER. Voulez-vous me servir un pot de bière ?

TOM. De suite.

Il entre dans la maison à gauche.

GEORGES, *remarquant l'Étranger, à part.* Encore lui !...

L'ÉTRANGER, *à part.* Il faut enfin que je lui parle.

Il descend la scène et rencontre Georges qui la monte vers lui.

GEORGES, *à part.* Il faut que je sache qui il est. (*Haut.*) Pardieu, mon brave, voilà bien des fois que nous nous rencontrons depuis hier.

L'ÉTRANGER. Et je pensais, en vous rencontrant encore ici, qu'à force de se voir on devient connaissance ; et j'allais hardiment m'approcher de vous, et vous tendre la main en vous donnant le bonjour.

GEORGES, *lui donnant la main.* Merci.

L'ÉTRANGER. Et, si vous le voulez bien, nous allons boire en nous souhaitant bonne chance.

GEORGES. J'allais vous offrir de vider ensemble ce que contient ma gourde. (*A Tom, qui apporte le pot de bière.*) Veux-tu bien, Tom, nous donner un second verre?

TOM. Très-volontiers.

Il leur donne un second verre; tandis qu'ils s'asseyent à la table à droite, Tom prend une pièce de monnaie que lui donne l'étranger, et rentre dans l'auberge à gauche.

GEORGES, *assis, à l'Étranger.* Je vous ai vu hier au marché d'Harlem.

L'ÉTRANGER. Oui, je le traversais tandis que vous y vendiez du gibier.

GEORGES. Et nous avons passé tous deux la nuit dans la forêt.

L'ÉTRANGER. J'étais bien fatigué, je m'y suis endormi.

GEORGES. Et vous allez à Amsterdam?

L'ÉTRANGER. Aujourd'hui même.

GEORGES. Mais la ville est en insurrection.

L'ÉTRANGER. Tant mieux ; il y a vingt ans, quand je l'ai quittée, l'on s'y battait ; je la trouverai moins changée si l'on s'y bat encore maintenant.

GEORGES. Il y a vingt ans que vous avez quitté Amsterdam?

L'ÉTRANGER. Oui, Amsterdam et la Hollande.

GEORGES. Et vous y rentrez ?...

L'ÉTRANGER. Avec les souvenirs du temps passé, et peut-être trouverai-je à Amsterdam quelqu'un dont je ne sais ni le nom ni la demeure.

GEORGES. Et comment espérez-vous le trouver ?

L'ÉTRANGER. Je chercherai... (*avec intention*) je chercherai de maison en maison.

GEORGES. Vous ne savez donc pas qu'Amsterdam a trois cents rues et quarante mille maisons, et qu'une année entière suffit à peine pour interroger un quart de la ville.

L'ÉTRANGER. Vous avez donc habité Amsterdam?

GEORGES. Oui, cinq années, pendant lesquelles j'ai cherché vainement ..

L'ÉTRANGER. Quelqu'un?

GEORGES. Non !

L'ÉTRANGER. Quoi donc ?...

Georges se tait. Après un court silence.

GEORGES. Mais, sans doute, vous avez des ressources; quelle est votre profession?

L'ÉTRANGER. Ma profession! ha! ha! je suis pour l'heure aventurier... et vous?

GEORGES. Moi, je suis pour le moment braconnier.

L'ÉTRANGER. Et pourquoi pas soldat?

GEORGES, *hésitant.* Ah! parce que...

L'ÉTRANGER. Pardon, mon jeune camarade, mes questions vous embarrassent, comme les vôtres m'embarrasseraient sans doute: il y a, je le vois bien, dans nos destinées, quelque chose de mystérieux que chacun de nous doit respecter. Nous nous sommes assis pour boire à la chance heureuse, ne nous questionnons pas, trinquons... et que Dieu soit pour vous.

GEORGES. Que Dieu vous guide, mon brave. (*se levant.*) Et je vais partir; je sais un endroit de la forêt où les oiseaux s'abritent du soleil... je vais à l'affût.

L'ÉTRANGER, *lui tendant la main.* Au revoir, les bonnes gens doivent se retrouver.

GEORGES, *lui donnant la main.* Et l'on dit qu'ils se trouvent sans se chercher; au revoir. (*Apercevant Tom qui rentre.*) Adieu, Tom.

TOM. Adieu, Georges.

Georges sort, emportant son arquebuse et sa gibecière. L'Etranger le suit des yeux, monte à la porte, le regarde s'éloigner et redescend la scène.

L'ÉTRANGER, *à Tom.* C'est un brave compagnon que ce jeune homme qui nous quitte, n'est-ce pas?

TOM. Oh! oui, un bon et loyal garçon, et le plus habile chasseur des environs.

L'ÉTRANGER. Heureux?

TOM. Il y a en lui quelque chose d'inconnu qui l'attriste souvent!

Ici Marie, paraissant inquiète, sort de la maison, descend l'escalier de gauche, regarde d'abord autour d'elle, puis va regarder au dehors, et revient en scène pour parler à Tom.

SCÈNE II.

TOM, L'ÉTRANGER, MARIE.

TOM. Et bien sûr que s'il avait besoin un jour d'un bon cœur et d'un bon bras pour l'aider dans ce qu'il désire, il n'aurait pas besoin d'aller le chercher bien loin, si Tom était auprès de lui.

L'ÉTRANGER, *apercevant Marie.* Quelle est cette jeune fille!

Il l'observe.

TOM, *allant à elle.* Vous souhaitez quelque chose, mademoiselle?

MARIE. Vous n'avez pas vu s'arrêter ici, ou même aperçu, sur la route d'Harlem à Amsterdam, une jeune fille de mon âge, et vêtue des mêmes habits que moi?

TOM. Une orpheline d'Anvers, comme vous.

MARIE. Oui.

TOM. Non, mademoiselle; mais songez que le jour commence à peine...

MARIE. Si vous l'aperceviez, voudriez-vous? la prévenir qu'une de ses compagnes l'attend ici?

TOM. Je vous le promets!

MARIE. Et, alors, vous auriez la bonté de m'appeler.

TOM. Oui, mademoiselle.

MARIE, *à part.* Pauvre Jeanne! son inquiétude doit être aussi grande que la mienne.

L'ÉTRANGER, *la suivant en l'examinant.* Est-ce que ce serait elle?

MARIE, *à Tom, en retournant au bas de l'escalier.* Vous savez, je suis là, près de mon père!

L'ÉTRANGER, *à part.* Que dit-elle?

TOM. Comptez sur moi!

MARIE. Merci!

Elle rentre dans la maison.

SCÈNE III.

L'ÉTRANGER, TOM.

L'ÉTRANGER, *avec surprise, à Tom.* Près de son père! a-t-elle dit?

TOM. Oui, voilà une orpheline qui a retrouvé son père.

L'ÉTRANGER, *à part.* Ce n'est pas elle! (*Haut.*) Ainsi, cette jeune fille est une de celles qui furent, il y a dix-huit ans environ, déposées à l'époque du siége...

TOM, *qui s'est remis à nettoyer son arquebuse.* Vous connaissez, je le vois, l'origine des orphelines d'Anvers.

L'ÉTRANGER. Leur origine, oui... mais non pas leur histoire... Je sais que lorsque les défenseurs de la ville avaient soutenu depuis cinq mois le siége contre le duc d'Albe, ils étaient devenus si faibles en nombre, que l'église forma des asiles dans lesquels tous les pères ayant des enfants en bas âge pourraient les déposer pour aller combattre, et déclara que ceux des combattants qui survivraient aux horreurs du siége reprendraient leurs enfants, et que la ville, victorieuse ou vaincue, adopterait les autres. Je sais qu'en peu de jours plus de deux mille enfants furent déposés, mais j'ignore si beaucoup d'entre eux furent réclamés.

TOM. Trop peu, malheureusement; le siége fut, dit-on, sanglant et terrible, et, huit années plus tard, réduite à la dernière extrémité, la ville fut forcée de fermer ces maisons protectrices.

L'ÉTRANGER. Et a'ors?...

TOM. Alors, les garçons furent reçus dans les régiments, mais les pauvres filles... se trouvèrent sans ressources. Cependant tout bon Hollandais les a secourues de son mieux ; aussi, fières de leur infortune, beaucoup d'entre elles, enrichies par d'heureux basards, ou rendues à leur père, comme celle-ci, par exemple, ont toujours conservé le vêtement consacré des orphelines d'Anvers!... (*Admirant son arquebuse.*) Ah! voilà une arquebuse qui donnerait au plus indifférent l'envie de tuer un Espagnol.

L'ÉTRANGER, *suivant sa pensée.* Et ces orphelines, ainsi protégées, ont dû être intéressées à rester en Hollande?

TOM. Assurément... mais il y a peu de temps, plusieurs d'entre elles ont été exilées comme ayant trempé dans je ne sais quelle conspiration... Je vais serrer mon arquebuse.

Il entre dans la maison.

L'ÉTRANGER, *avec douleur.* Oh! mon Dieu! tu as pu la ranger parmi les exilées ou les mortes!... (*Allant s'asseoir à droite.*) Après un si long martyre, tu me fais, Seigneur, le chemin bien sombre et bien glissant.

Il met sa tête dans ses mains. Ici Berthol entre, et va droit à l'étranger, qu'il voit seul dans la cour de l'auberge.

SCÈNE IV.

L'ÉTRANGER, BERTHOL, *puis* TOM.

BERTHOL. Êtes-vous l'aubergiste?

L'ÉTRANGER, *levant la tête et le regardant.* Non, monsieur!... (*Apercevant Tom qui entre.*) Parlez à ce garçon!...

Il se met à réfléchir.

BERTHOL, *à Tom qui vient de rentrer.* Le maître de l'auberge?

TOM. Il a été mandé avant le jour par le vaguemestre, il est sorti.

BERTHOL. Quelle distance y a-t-il d'ici à Amsterdam?

TOM. Une lieue par le chemin de la citadelle, une lieue et demie par le chemin de l'hospice Saint-Bruno.

BERTHOL. Il n'y a pas d'auberge plus proche de la ville?

TOM. Aucune! (*Berthol va s'asseoir sur le banc à gauche. Se rapprochant de Berthol.*) Faut-il vous servir à boire?

BERTHOL. Non!

TOM. A manger?

BERTHOL. Non!

TOM. Savez-vous ce qu'on fait à la ville?

BERTHOL, *impatienté.* Je n'en sais rien.

SCÈNE V.

LES MÊMES, JEAN, LES JOURNALIERS.

JEAN *le laboureur, suivi de trois autres, entrant.* D'abord, appelons les camarades.

TOM. Ah! vous voilà... vous venez tard aujourd'hui.

JEAN. C'est qu'il y a du nouveau.

TOM. Quoi donc?

JEAN. Laisse-moi d'abord éveiller les compagnons... Allons, debout!... (*Il entre dans l'écurie, au deuxième plan à droite.*) Ohé! dépêchons... il est tard... (*Il ressort de l'écurie suivi d'une douzaine de travailleurs.*) Vous dormiriez bien jusqu'à demain, si l'on vous laissait faire.

FRITZ. Nous aurons bientôt rattrapé le temps perdu.

JEAN. En quoi faisant?

FRITZ. En travaillant fort.

JEAN. Travailler?... Plus de travail, compagnons, et plus de pain à manger.

PLUSIEURS TRAVAILLEURS. Comment!

JEAN. Il paraît que Guillaume de Nassau est près d'Amsterdam, que les habitants le proclament déjà, que ce soir on bombarde la ville; et le vaguemestre vient de venir donner ordre au meunier de tenir sa maison et son moulin à la disposition des troupes espagnoles.

TOM, *joyeux.* Voilà donc que ça se décide! je vais donc voir enfin la guerre!

FRITZ. Que le diable emporte le prince Guillaume! on le croyait mort, on était plus tranquille.

TOM. Que le diable emporte plutôt les Espagnols! ce sont eux qui vous prennent vos maisons.

Ici l'Étranger, qui semble perdre patience, les écoute avec inquiétude.

JEAN. Et si vous m'en croyez, compagnons, nous ne nous en mêlerons pas. (*Signes d'assentiment des travailleurs.*) Nous ne pouvons pas travailler, nous allons jouer et boire.

Signe d'assentiment.

SCÈNE VI.

LES MÊMES, DANIEL, *paraissant au fond.*

DANIEL. Non, mes enfants, non, car on va faire de l'auberge ce qu'on fera du moulin... (*Marques de mécontentement.*) Le vaguemestre me laisse la journée pour faire mes préparatifs de départ. Et je vais me hâter. (*Allant vers la maison.*) Plus d'auberge, plus d'auberge, mes enfants, rentrez chez vous...

Il entre dans la maison.

JEAN, *se rapprochant de Tom.* Eh bien ! Tom, te voilà aussi sans place et sans pain.

TOM. J'irai manger le pain des révoltés.

L'ÉTRANGER, *se levant en contenant sa colère, aux travailleurs.* Eh bien ! et vous, qu'allez-vous faire ?... Est-ce que vous n'allez pas vous battre ?... vous ne répondez pas... C'est donc ainsi que les Espagnols vous ont paralysés? (*Il prend le milieu.*) J'ai quitté depuis dix-huit ans la Hollande ; mais avant mon départ, savez-vous ce que j'ai vu? savez-vous l'histoire de vos pères?

JEAN. Il y a tant de manières dont on la raconte !

L'ÉTRANGER. Voici la véritable. (*On l'entoure*). Vos pères, croyant ouvrir leurs portes à des protecteurs et des alliés, reçurent dans leurs cités l'infâme duc d'Albe et ses légions; quelques mois après, l'inquisition, le tribunal de sang, le poison, et les bourreaux égorgeaient vos pères, déshonoraient vos mères au moindre cri de détresse. Les villes furent bombardées, pillées, incendiées ; les plus zélés furent lâchement arrêtés, tandis qu'on enrichissait les galériens qui vous vendaient et massacraient la femme de votre prince.

JEAN. La comtesse de Nassau fut tuée par un Flamand.

FRITZ. Oui, le major Van Ruyter.

TOUS. Oui... le major Van Ruyter.

L'ÉTRANGER. L'Espagne vous l'a dit... l'Espagne a peut-être menti, et quand Guillaume, votre libérateur, qui se dévoue depuis vingt ans, est enfin près de vous venger tous, je vous trouve misérables et lâches! Allons donc, secourez donc le défenseur... et quand il aura détruit la dîme, et les châteaux forts qui vous menacent, alors vous pourrez marcher la tête haute, car vous ne serez plus comme aujourd'hui courbés par le travail et la frayeur... Aux armes ! aux armes !... l'occasion est belle, ne la laissez pas échapper.

TOM. Mort à l'Espagnol !

JEAN *et* TOUS. Il a raison... Mort à l'Espagnol !

L'ÉTRANGER. Allons donc !... mordez donc enfin la main qui vous écrase... Guillaume vous rendra vos droits, vos maisons et vos terres ; et je vais vous dire, moi, comment vous pouvez aider à sa victoire... (*Tout le monde l'entoure.*) Mais pas ici... l'Espagnol pourrait nous y surprendre... La forêt voisine sera plus sûre, et tout homme de cœur m'y suivra sans retard.

TOUS. Vive Guillaume !

L'ÉTRANGER, *les interrompant.* Chut !... Venez donc... les enfants !

Il sort avec animation par le fond. Tous les journaliers le suivent avec résolution.

TOM, *après les avoir vus partir.* A la bonne heure !... Moi, je vais prévenir maître Daniel que je veux être aussi de la fête !...

Il entre à droite dans la maison ; Berthol est resté seul en scène.

SCÈNE VII.

BERTHOL, *puis* DANIEL.

BERTHOL, *se levant.* Voilà un homme qui sait l'histoire. (*Il traverse la scène.*) Si je pouvais adroitement me cacher quelque part ici, j'apprendrais peut-être ce qu'il est... (*Apercevant Daniel qui sort de la maison en consultant quelques papiers:*) Ah! voici l'aubergiste; causons un peu d'abord, et nous devinerons le personnage.

DANIEL, *l'apercevant.* Quel est cet homme?...

BERTHOL. Vous êtes monsieur le... Daniel !

DANIEL. Berthol !

BERTHOL. Ce cher Daniel !

DANIEL. Toi... chez moi... mais embrassons-nous donc ?

BERTHOL. De grand cœur. (*Ils s'embrassent.*) Te voilà donc aubergiste?

DANIEL. Oui, pour un jour encore. Et que viens-tu donc faire ici?

BERTHOL. Je voulais demander un service au maître de cette auberge.

DANIEL. Un service... dispose de moi. Et dis-moi d'abord, mon bon Berthol, qu'as-tu fait depuis cinq ans?

BERTHOL, *assis.* Rien de bon, tu le sais. Tandis que tu rêvais une vie modeste et calme sur les bords fleuris du Tage...

DANIEL. Ou du Guadalquivir...

BERTHOL. Moi, j'enviais l'habit chamarré d'un comte ou d'un baron.

DANIEL. Et tu l'envies toujours?

BERTHOL. Beaucoup !

DANIEL. Nous aurons tout cela plus tard.

BERTHOL. Peut-être ?

DANIEL. Dieu aidant...

BERTHOL. Oui, sans doute, Dieu et les circonstances. Enfin, depuis cinq ans, je courais de ville en ville, jouant la petite et la grande martingalle. Et, fort ennuyé de la monotonie des événements, j'étais pauvre comme au jour de notre séparation, quand j'ai appris la révolte de Flessingue, la destruction de la prison de cette ville, l'entreprise de Guillaume, et tous ces événements qui vont nous ramener le tumulte et la guerre. Ranimé alors, je me suis hâté d'accourir aux environs d'Amsterdam, je suis entré dans cette auberge, qui est la plus proche de la ville...

DANIEL. Et quel est ton projet?

BERTHOL. Je n'ai pas encore de projet, mais j'ai du moins quelques espérances. Je ne sais si je servirai ou perdrai Guillaume, j'attends tout d'un hasard favorable que je rencontrerai peut-être ici; et par excès de prudence, je souhaiterais ne pas y être vu; en un mot, Daniel, je voudrais pouvoir secrètement m'y reposer des fatigues du chemin que je viens de faire.

DANIEL, *désignant le pavillon à droite.* Tiens, Berthol, ce petit pavillon semble avoir été construit pour l'usage que tu lui destines. Tu pourras t'y reposer, t'y renfermer toi-même.

BERTHOL. En effet...

DANIEL. En voici la clef?

BERTHOL. Merci. Et je t'ai parlé Daniel comme si nous nous étions quittés hier, sans méfiance, et je pense que tu es toujours l'ami de Berthol, et que, quoi qu'il puisse arriver, tu sauras le défendre et non pas le trahir.

DANIEL. Te trahir!... moi, Daniel! tu as donc oublié que jadis je t'ai laissé sans me plaindre manger deux fois ma fortune; que tu as jadis habité et vendu ma maison, que tu as usé mes habits les plus neufs, et que mon aveugle amitié ne t'a jamais fait un reproche?... Il est vrai que, lorsqu'il y a vingt ans l'Espagne t'avait donné tant d'or, pour te payer je ne sais quel service, tu as su cavalièrement partager avec moi; que, me donnant ma part de ta vie aventureuse, tu m'as fait voir bien des pays; que tu m'as fait entrer dans de bien riches palais et rencontrer de bien belles femmes... C'est vrai, mais quand aujourd'hui je récapitule... je sens bien qu'au lieu d'être un heureux rentier sur les bords fleuris du Tage ou du Guadalquivir, à cause de toi... je ne suis qu'un pauvre aubergiste sans auberge, dans ce triste pays, que les palais que j'ai vus ne m'ont laissé que de l'envie, les femmes que des désillusions, des regrets...

BERTHOL. Et des souvenirs...

DANIEL. Bien peu... bien peu... Et quand, malgré tout cela, le cœur ému et l'âme joyeuse, je me jette dans tes bras à ton approche, tu oses craindre le trop dévoué Daniel et redouter sa perfidie!... Ah! c'est mal, Berthol; c'est très-mal.

BERTHOL. J'avais besoin de t'entendre dire tout cela pour être convaincu que tu n'as pas changé. Et maintenant comme par le passé, confiance et tout en commun; fortune ou...

DANIEL. Misère!

BERTHOL, *lui tendant la main.* Tu l'as dit!

DANIEL, *lui frappant dans la main.* A la bonne heure. Maintenant, entre dans ce pavillon: il faut, moi, que je coure chez le va-

guemestre pour lui faire régulariser ces papiers; je te laisse.

BERTHOL. Tu te hâteras de revenir?

DANIEL. Sois tranquille!

Berthol entre dans le pavillon. Daniel consulte ses papiers. Georges et Jeanne paraissent au fond.

SCÈNE VIII.

GEORGES, JEANNE, DANIEL.

GEORGES, *à Jeanne, en désignant Daniel.* Précisément. voici maître Daniel.

JEANNE, *vivement.* Oh! je veux lui demander..... (*Elle descend la scène. A Daniel.*) Dites-moi, monsieur, avez-vous logé cette nuit une orpheline d'Anvers?

DANIEL. Une orpheline d'Anvers... (*Réfléchissant.*) Attendez donc... tout ce que je puis vous dire, c'est que j'ai logé une jeune fille qui accompagne son père.

JEANNE, *à part.* Personne ne l'a vue sur la route.

GEORGES, *s'approchant.* Vous paraissez bien fatiguée, mademoiselle; asseyez-vous ici; peut-être que celle que vous cherchez y viendra...

JEANNE. Oui, je vais me reposer un peu.

Elle s'assied à droite près de la table.

DANIEL, *en passant, à Georges.* Bonjour, Georges!

GEORGES. Au revoir, Daniel!

Daniel sort.

SCÈNE IX.

GEORGES, JEANNE, BERTHOL, *dans le pavillon.*

JEANNE, *avec réflexion.* Assurément, Marie est partie d'Harlem, et il n'y a que cette route qui conduit à Amsterdam.

GEORGES, *qui s'est approché.* Comme vous êtes inquiète, mademoiselle!

JEANNE. Pour la première fois de ma vie, je me trouve séparée de ma compagne que je cherche, et notre séparation est si étrange, que je crains un malheur.

GEORGES. Elle est comme vous, orpheline depuis les premières guerres?

JEANNE. Oui, et toutes deux nous étions à Harlem, quand, hier, nous reçûmes l'ordre de nous rendre à Amsterdam, afin de nous tenir prêtes à secourir les blessés en cas de guerre; ma compagne me quitta pour quelques préparatifs; une heure après, nous devions partir, et je l'ai attendue la journée tout entière; j'ai vainement cherché par toute la ville. Enfin, je me suis mise en route, et désespérée, impatiente d'arriver à Amsterdam, j'avais pris un chemin de traverse, et je m'étais égarée dans la forêt, quand je vous ai rencontré, quand vous m'avez conduite vers cette auberge…et mon inquiétude est encore si cruelle qu'elle m'a jusqu'alors fait oublier de vous dire merci pour toutes vos bontés.

GEORGES. Oh! ne me remerciez pas; je suis heureux d'avoir pu vous être utile, car vous m'apportez le souvenir d'une sœur qui aurait à peu près votre âge…

JEANNE. Et vous l'avez perdue?

GEORGES. Je ne l'ai connue qu'un jour.

JEANNE. Qu'un jour!… et comment?…

GEORGES. J'avais déjà douze ans, lorsqu'un soir, mon père, quoi qu'il fût veuf depuis longtemps, rentra au logis en apportant un enfant qui venait de naître. Tiens, Georges, me dit-il, tu as maintenant une sœur; prends bien soin d'elle. Mais le lendemain il emporta ma sœur dans son manteau, et je ne les ai jamais revus.

JEANNE. Jamais de nouvelles de l'un ou de l'autre?

GEORGES. J'ai seulement appris que deux jours après, comme mon père revenait chez lui, il fut attaqué au coin du pont Saint-Jacques par les satellites du duc d'Albe.

JEANNE. Et qu'en advint-il?

GEORGES. Que mon père, vaincu par le nombre, fut entraîné dans les prisons, où il est mort sans doute.

JEANNE. Mort!…

GEORGES. Oh! mais pourquoi donc vous affliger par le récit de mes malheurs, vous déjà si tourmentée?… pourquoi mon cœur, qui a pu souffrir si longtemps en silence… vient-il d'éprouver je ne sais quelle consolation en s'épanchant auprès de vous?… Oh! pardon, pardon… je vous en conjure… et ne songeons plus qu'à votre compagne, que je voudrais vous aider à retrouver, afin de voir disparaître votre inquiétude, qui redouble encore.

JEANNE, *se levant.* Oui… Je vais me remettre en route.

GEORGES. Souffrez que je vous conduise jusqu'au delà de la citadelle.

JEANNE. Non, restez; nous sommes habituées à marcher seules.

GEORGES. Mais aujourd'hui la route est remplie de soldats espagnols… Je vous en prie…

JEANNE. Puisque vous le voulez bien…

Ils montent la scène pour sortir.

MARIE, *sortant de la chambre.* On ne vient pas me prévenir… (*Apercevant Jeanne.*) Mais cette femme… (*Appelant.*) Jeanne!

JEANNE. Marie!…

MARIE, *l'étreignant.* Ma bonne Jeanne…

JEANNE, *se retournant, à Georges.* Je vous remercie, monsieur. Vous voyez, j'ai retrouvé ma compagne.

GEORGES, *s'inclinant.* Soyez donc heureuse, mademoiselle!

Il sort.

SCÈNE X.

JEANNE, MARIE, BERTHOL.

MARIE. Te voilà donc?

JEANNE. Si tu savais ce que tu m'as fait souffrir!

MARIE. Et tu vas me pardonner. Je traversais hier le boulevard d'Harlem, quand, tout à coup, un vieillard pâle et défait vint suppliant à moi, et me dit: Mon enfant, votre père a été victime du siége d'Anvers, sauvez un de ses compagnons d'infortune. J'ai souffert dix-huit ans la prison solitaire… et je vais reperdre encore une fois ma liberté, si vous ne consentez à m'accompagner. Le seul passe-port dont j'aie pu m'emparer me désigne comme voyageant avec ma fille. A peine avait-il achevé, qu'une ronde espagnole vint exiger son passe-port; il le donna me tenant à son bras, et nous passâmes… Le quitter alors eût été le mettre dans l'embarras qu'il venait d'éviter, et je me vis forcée de prendre avec lui la route d'Amsterdam.

JEANNE. Tu as bien fait, Marie, de te dévouer à cet homme… Je ne t'ai pas accusée, tu le sais bien, et maintenant que je t'ai revue, je suis tranquille, heureuse. Et pourtant il faut que je te quitte, n'est-ce pas? que je parte seule, car tu dois encore l'accompagner, sans doute?

MARIE. Jusqu'à Amsterdam, où nous serons dans quelques heures.

JEANNE, *montant la scène.* Je vais t'attendre à l'abbaye; mais ne tarde pas, car je supposerais que votre mensonge a été découvert, et je te croirais perdue… Tiens, sœur, à ton tour, prends notre porte-bonheur, et je serai plus tranquille… (*Elle lui donne une aumônière qu'elle porte à sa ceinture.*) Je l'avais en te cherchant, et je t'ai retrouvée.

MARIE, *la mettant à sa ceinture.* Elle me conduira bientôt auprès de toi. Je vais décider ce vieillard à partir au plus tôt… Adieu. Tu n'as rien de plus à me dire?

JEANNE. Rien…. Ah! si!

MARIE. Quoi donc?

Elles redescendent la scène.

JEANNE. Tu as vu ce beau jeune homme?

MARIE. Oui.

JEANNE. Je m'étais égarée dans la forêt, et c'est lui qui m'a conduite ici.

MARIE. Vraiment!

JEANNE. Pâle et triste, comme nous les rêvons, il m'a raconté…

MARIE. Quoi donc ?

JEANNE. Ses malheurs.

MARIE. Et toi, tu le trouves bien à plaindre ?

JEANNE. Assurément ! si tu savais...

MARIE. Tu es insensée !

JEANNE. Ne vas-tu pas être jalouse ?

MARIE. Je le suis de tout ce que tu sembles aimer.

JEANNE. Je n'aime pas ce garçon.

MARIE. Il t'aime peut-être.

JEANNE. Il ne me l'a pas dit.

MARIE. Non, mais tu le rencontreras encore sur la route, et il te le dira.

JEANNE. Oh ! maintenant je refuserais de l'écouter.

MARIE. Et tu ferais bien, Jeanne. Peut-être qu'un amour qui naîtrait dans ton cœur affaiblirait ton amitié pour moi.

JEANNE. Oh ! jamais.

MARIE. Qui sait ?... tu es si folle !

JEANNE, *souriant.* Et pourtant nous avons découvert que je suis ton aînée de huit jours.

MARIE, *souriant.* Pas pour la raison...

JEANNE. Parce que tu es la plus sévère, tu te crois la plus raisonnable, et cependant tu prends au sérieux ce que j'ai dit... Tiens, je te crois plus folle que moi... Voyons, ne parlons plus de cela... (*Montant la scène.*) Et songe que je vais t'attendre...

MARIE, *la suivant.* Adieu !.

JEANNE. Tu es donc encore fâchée ?... ·

MARIE. Pourquoi ?

JEANNE. Tu ne m'as pas embrassée...

MARIE. Ma bonne Jeanne !

Elles s'embrassent.

JEANNE. A bientôt !

MARIE. A bientôt !

Pendant que Marie regarde Jeanne s'éloigner et lui fait signe de la main, le Fugitif sort de la maison et va trouver Marie.

SCÈNE XI.

LE FUGITIF, MARIE.

LE FUGITIF. Je vous cherchais, mon enfant, car je ne puis faire un pas sans vous.

MARIE. Et vous voulez partir ?

LE FUGITIF. Oui ; mais avant le départ, il faut que je fasse mes comptes avec mon ange sauveur, et vous l'êtes à cette heure. Dieu fasse que je puisse vous récompenser ! Le vieux prisonnier va bientôt se jeter dans les batailles, et peut y mourir. S'il y survit, il verra triompher Guillaume, et pourra vous tendre une main généreuse ; mais comme il peut y mourir, il veut vous léguer à l'avance son héritage.

MARIE. A moi ?

LE FUGITIF. Oui, mon enfant ; et cela vous surprend, car je suis bien pauvre ; mais toute ma richesse est un important secret qui doit influer peut-être un jour sur la destinée de la Hollande... Tenez, mon enfant, prenez ce papier cacheté, qui contient quelques lignes écrites, et gardez-le précieusement.

Elle le met dans l'aumônière qu'elle porte à sa ceinture.

MARIE. Soyez tranquille !..... Et qu'en ferai-je ?

LE FUGITIF. Dans huit jours, au matin, et alors Guillaume de Nassau sera sur le chemin de la conquête, je vous donne rendez-vous sur la grande place d'Amsterdam. Si je manque au rendez-vous, c'est que je serai mort ; et alors, pour consoler ma cendre, vous le remettrez au prince, qui n'aura rien à refuser dans ses états à celui où celle qui le lui aura donné.

MARIE. Vous le remettrez vous-même ! Dieu vous conservera.

LE FUGITIF. Que le ciel vous entende. Prenez garde de perde cet écrit.

MARIE, *lui montrant son aumônière.* Je l'ai mis dans cette aumônière bénie.

LE FUGITIF. Avec ce qu'elle contient maintenant, cette aumônière bénie doit vous porter bonheur...

MARIE. Pourquoi tant de confiance et de bonté ?

LE FUGITIF. Parce que, soit hasard ou providence, vous m'avez sauvé la vie... Venez, mon enfant.

MARIE, *le suivant.* Et nous allons partir ?

LE FUGITIF. Sans retard.

Ils rentrent dans la maison. Berthol sort aussitôt du pavillon.

SCÈNE XII.

BERTHOL, *seul, avec réflexion.*

J'avais donc bien prévu... Je savais bien que l'espionnage ici devait me créer des espérances. Voyons, relisons tout ce que je viens d'écrire, afin de le bien fixer dans ma mémoire. (*Lisant ses tablettes.*) D'abord, ce jeune homme qui regrette une sœur, et dont le père se défendit, au pont Saint-Jacques, contre les satellites masqués que je commandais, est fils de Van Ruyter, du major Van Ruyter, qu'il y a vingt ans, nous conduisions, par mille détours, dans la maison mystérieuse, et qu'enfin nous arrêtâmes et emprisonnâmes si adroitement. Cela pourra peut-être me servir, je ne l'oublierai pas... Mais, ce qui est plus important, c'est qu'une de ces deux jeunes femmes a sauvé un fugitif, et que le fugitif lui a donné une lettre mystérieuse en lui disant ces mots : Si je meurs, vous la remettrez au prince, qui n'aura rien à refuser à celui ou celle qui la lui aura donnée... Celui qui la lui remettrait pourrait donc avoir l'amitié, la confiance et la faveur du prince! La faveur d'un prince!... c'est à la fois la fortune et les honneurs. Ce papier tout-puissant est dans l'aumônière que porte cette jeune fille... Ce vieillard révélateur est un fugitif que je peux perdre... O mon Dieu!... ma tête se remplit d'horribles projets et de sublimes espérances; l'Espagne, qui en sait long sur mon compte, m'a toujours payé comme un valet qu'on récompense; mais Guillaume, qui ne sait rien, m'accueillerait à sa cour... A bas l'Espagne et vive Guillaume!... Mais le secret... je ne l'ai pas encore... (*Regardant la porte du fugitif.*) Si je pouvais savoir ce qu'ils font dans cette chambre... si j'osais y entrer... Non.... évitons qu'ils soupçonnent.... Et Daniel qui ne revient pas... Je ne pourrais réussir sans son aide... et je ne soupçonne pas ce que peut être ce secret... N'importe, je sais qu'il est assez puissant pour me faire un jour le favori du prince Guillaume, et je le jure, par la ruse, le vol ou le... j'en deviendrai le maître... (*Nuit à la rampe. Apercevant Daniel qui revient.*) Daniel! arrive donc!

SCÈNE XIII.

DANIEL, BERTHOL.

DANIEL. Tu as déjà quitté ce pavillon?

BERTHOL. Oui, et j'ai maintenant un projet.

DANIEL. Est-ce que tu veux te rallier aux Espagnols?

BERTHOL. Non pas, mais au prince Guillaume.

DANIEL. Eh! pourquoi?

BERTHOL. Parce que je viens d'apprendre ici qu'un prisonnier échappé de la prison de Flessingue possède un secret qui doit faire la fortune de celui qui pourra le révéler au prince... Il vient de le confier par écrit à une jeune fille qui devra, s'il meurt au combat, en profiter... (*On entend le canon.*) Le canon... La guerre s'engage... Guillaume deviendra victorieux, Daniel... il faut que ce secret lui soit révélé par nous; la jeune fille et le prisonnier fugitif sont ici, entre nos mains.

DANIEL. Arrivés depuis peu?

BERTHOL. Non, ce sont les deux personnages qui sont venus loger ici cette nuit.

DANIEL. Eux!... mais je viens de les rencontrer près des avant-postes, Tom, mon garçon d'auberge, était avec eux.

BERTHOL. C'est impossible, ils ne sont pas sortis encore.

DANIEL. Cette maison a une issue sur la route.

BERTHOL. Tu dis qu'ils sont partis?

DANIEL. Regarde! (*Berthol monte rapidement à la porte, l'ouvre et entre dans la chambre. Daniel le voyant reparaître.*) Eh bien?

BERTHOL. Personne!,.. (*Il redescend.*) Oh! malédiction et malheur!... Je ne sais quel démon caché semble, depuis cinq ans, jouer contre moi et me gagner toujours... Adieu, Daniel.

DANIEL, *le retenant.* Que vas-tu faire?

BERTHOL. Reprendre seul mon chemin dans la vie.

DANIEL. Seul, quand tu viens de rencontrer Daniel!

BERTHOL. Je ne veux plus lui donner sa part de ma destinée misérable.

DANIEL. Et je veux, moi, te donner moitié de la mienne.

BERTHOL. Je ne veux plus rien.

DANIEL. Sache d'abord qu'en quittant cette maison, j'emporte vingt ducats.

BERTHOL, *se retournant au fond.* Vingt ducats!...

DANIEL. Oui, c'est le fruit de mes épargnes.

BERTHOL, *s'avançant sur Daniel.* Ah!... tu as vingt ducats!...

DANIEL, *reculant avec un peu d'épouvante.* Oui... partageons... mais en frères... Tiens, voici ta part... Descendons à la ville; mon projet pour m'enrichir est de m'établir avec quelques pièces d'or, d'acheter, pour peu de chose, des armes aux pillards, et de les vendre bien cher aux honnêtes patriotes.

BERTHOL. Ce serait un moyen sûr de tripler tes ducats.

DANIEL. Donnons-nous rendez-vous dans le marché Saint-Paul; je vais partir le premier; quand tu viendras me rejoindre, mon commerce sera déjà commencé, et nous le continuerons ensemble. Moins ambitieuse, Berthol, la chance est moins douteuse.

Ils montent la scène ensemble.

BERTHOL. Va, Daniel, et demain, au marché Saint-Paul.

DANIEL, *près de la porte.* A la bonne heure donc; il n'y a jamais rien de perdu quand on attend tout du hasard.

BERTHOL. C'est vrai.

DANIEL. Mais qui vient sur la route?

BERTHOL. Quelqu'un?...

DANIEL. C'est Tom !
BERTHOL. Tom !

SCÈNE XIV.

LES MÊMES, TOM.

TOM, *entrant pâle, en désordre.* Ah ! c'est vous, Daniel ?

DANIEL. Qu'as-tu ! tu es blessé ?

TOM. Non !

DANIEL. D'où viens-tu ?

TOM. De la bataille.

DANIEL. Assieds-toi.... Tu es tout tremblant.

TOM, *assis.* Oui !

DANIEL. Qu'as-tu fait de ton arquebuse ?

TOM. Mon arquebuse... (*Regardant autour de lui.*) Je ne sais... je l'ai perdue.

DANIEL, *à part.* C'est fâcheux... Je la lui aurais prise.

TOM. Comme nous avancions sur la route, déjà le bruit rapproché du canon me serrait le cœur, l'aspect de la citadelle enflammée paralysait mes forces... quand tout à coup des Espagnols poursuivis arrivent jusqu'à nous... le feu les atteint encore... le combat se rengage, les balles sifflent à nos oreilles, la fumée nous enveloppe, et le vieillard qui était avec nous tombe frappé d'une balle dans la tête.

BERTHOL. Et la jeune fille qui accompagnait cet homme ?

TOM. Je ne sais ce qu'elle est devenue, ma vue s'est obscurcie, et je ne me souviens plus de ce qui s'est passé ; je n'ai retrouvé mes sens qu'en apercevant cette auberge. Et maintenant que ma raison me revient tout entière, je ne tremble plus de peur ; mais je pleure de désespoir en m'arrachant les cheveux, car je sens bien que je suis un lâche.

BERTHOL. Et tu ne sais rien de la fille de ce vieillard ?

TOM. Eh ! non ! puisque je l'ai lâchement abandonnée.

BERTHOL. Morte peut-être ?

TOM, *avec désespoir.* Oui , peut-être morte !... O mon Dieu ! je suis un misérable. (*Fusillade au dehors.*) Entendez-vous la mousqueterie qui tue nos frères ?... (*Se relevant.*) Mais non, je ne suis pas un lâche, car je ne puis entendre ainsi dans l'inaction la grande ville qui gémit et qui pleure... Non, je veux retourner au combat. La première impression de la guerre m'a fait bien mal, mais elle ne m'a paralysé que pour une heure... et mon cœur vient de se raffermir... je pars.

DANIEL. Tu n'as plus d'armes...

TOM. Je ramasserai celle d'un mort.

DANIEL. Et tu vas revenir épouvanté.

TOM. Non, car alors ce serait pour mourir de honte ; j'aime mieux risquer de me faire tuer là-bas.

Il s'échappe.

DANIEL, *à Berthol.* Adieu, Berthol ; à demain, au marché Saint-Paul.

BERTHOL. C'est dit, à demain.

DANIEL. A demain !

Daniel sort.

SCÈNE XV.

BERTHOL, *puis* MARIE.

BERTHOL, *seul.* Le vieillard est mort ; sans doute Guillaume triomphe. Oh ! la partie n'est pas perdue... si cette jeune fille a succombé... Elle est orpheline, je puis la réclamer... mais alors les pillards qui dépouillent les morts, se seront emparés de son aumônière... Après tout, elle peut être vivante encore : où la trouver ? comment la joindre ?... quel chemin ?... Est-elle à Amsterdam ?... ou perdue sur les routes... exposée au feu des combattants ?... ou morte... ou blessée...

Il reste pensif. Ici l'on voit passer dans le fond quelques journaliers qui soutiennent la retraite contre les Espagnols qui les poursuivent... Après un court silence, Marie effarée entre dans la cour de l'auberge, s'adressant à Berthol.

MARIE, *à Berthol.* Veuillez me dire, je vous prie...

BERTHOL. La voici !.....

MARIE , *reconnaissant l'auberge.* Mais oui, c'est bien l'auberge où je me suis arrêtée.

BERTHOL, *cachant son émotion.* Oui, jeune fille, vous êtes déjà venue ici aujourd'hui... et vous en êtes sortie avec votre père... pourquoi revenez-vous seule ?

MARIE. Parce que les Espagnols l'ont tué.

BERTHOL, *à part.* Il est mort !... (*Haut.*) Et vous vous étiez égarée. Mais je vais vous servir de guide ; il faut précisément que je me hâte d'aller à la ville. Et vous ne pourriez ici cette nuit, les renforts espagnols vont venir s'y loger.

MARIE. Oh ! il faut que j'arrive bientôt à Amsterdam ; une compagne qui m'y attend doit mourir d'inquiétude.

BERTHOL. Venez donc ; je vais vous conduire par un chemin sûr, celui de l'hospice Saint-Bruno.

MARIE. Ce chemin, que traverse plusieurs fois la rivière, m'effraye avec ses ponts chancelants.

BERTHOL. Oui, mais on ne s'y bat pas.

MARIE. Je suivrai le complaisant guide que Dieu m'envoie avec gratitude et confiance.

BERTHOL. Et je ne la trahirai pas... (*A

part.) O démon, qui rengages la partie que je croyais perdue, nous verrons si cette fois tu la gagneras. (*Réfléchissant.*) Quel est donc ce secret?

MARIE. Je vous attends!

BERTHOL, *secouant sa réflexion.* Venez, mon enfant.

Ils sortent par le fond. On les voit prendre, dans l'obscurité, le chemin dit de l'Hospice Saint-Bruno. Bruit de la bataille au loin.

ACTE DEUXIÈME.

Une chambre d'une habitation modeste à Amsterdam ; deux portes au fond ; deux portes latérales à droite ; en face une fenêtre ; une table à droite, des siéges. Sur la muraille la gibecière et l'arquebuse de Georges. Au lever du rideau, Georges entre par le fond, ôte son manteau, pose un bâton contre la muraille.

SCÈNE PREMIÈRE.

GEORGES, *seul.*

Encore une nuit entière d'inutiles recherches..... Et Jeanne..... (*Il va regarder à la fenêtre.*) Sans doute, elle est déjà levée.... les rideaux de sa fenêtre sont ouverts..... Pauvre Jeanne!... elle va venir comme tous les jours pour apprendre l'issue de mes démarches.... et je devrai lui dire.... rien encore... Mon Dieu, ma vie se passera donc en insaisissable espoir, en infructueuses recherches ! (*Regardant de nouveau à la fenêtre.*) Mais c'est bien Tom qui traverse la place... il entre dans la maison... allons lui ouvrir... (*Après avoir ouvert la porte du fond de gauche.*) Bonjour, Tom !

SCÈNE II.

GEORGES, TOM.

TOM, *paraissant en habit d'officier.* Tu sortais, Georges!

GEORGES. Je t'ai vu sur la place, et j'allais au devant de toi pour te donner plus tôt la main.

TOM, *lui donnant la main et entrant avec lui.* Je suis déjà venu frapper chez toi, tu es sorti de bonne heure.

GEORGES. J'ai été cette nuit consulter encore vainement tous les chefs cantonniers des environs de la ville, toujours au sujet de cette compagne de Jeanne qu'elle n'a jamais revue depuis le jour où elles se sont quittées à l'auberge des trois routes.

TOM, *à part.* Mon Dieu, vous me rappellerez donc sans cesse ma faiblesse d'un jour!

Il s'assied avec douleur.

GEORGES, *l'observant.* Depuis deux jours que tu es de retour, tu as un chagrin, Tom.

TOM. Non, Georges!

GEORGES. Qu'as-tu donc fait de ta gaieté d'autrefois? tout t'a pourtant bien réussi ; tu

voulais devenir soldat, et le lendemain de la révolte d'Amsterdam, le prince t'a admis dans sa garde... bientôt il se met en campagne, tu pars à sa suite...

TOM. Oui, te laissant blessé.

GEORGES. Trois mois se passent, trois mois de batailles... la victoire vous suit, les Espagnols abandonnent enfin leurs dernières citadelles. Il y a deux jours, Guillaume rentre ici, à Amsterdam, proclamé enfin par tous ; gouverneur des états ; et toi, Tom, tu reviens officier ; nous nous embrassons ; tu me contes tes courses guerrières ; je te dis mon amour pour Jeanne, mes joies, mes espérances, et au milieu de nos conversations, j'entrevois comme une ombre de tristesse que tu ne peux vaincre.

TOM. Pourquoi t'en inquiéter, Georges? et quelle serait ma peine? (*Se levant.*) Je suis fier de mon sort, heureux de t'avoir retrouvé, glorieux d'avoir vu triompher un prince que j'aime, et dont la sagesse vient de bénir la mémoire de tous ceux qui sont morts pour les Flandres asservies, et de livrer à l'exécration des siècles à venir celle de ceux qui se sont alliés au tribunal de sang, de Jean Stolen, qui a trahi le comte d'Egmont, et du major Van Ruyter, qui a vendu à l'Espagne et son honneur, et la comtesse de Nassau, sa souveraine.

GEORGES, *à part.* Il a maudit le major Van Ruyter?

TOM. Puis il a parlé d'une guerre inévitable au dehors ; et si tu m'en crois, Georges, aujourd'hui que la carrière militaire peut devenir glorieuse, tu feras comme moi, tu deviendras soldat. (*Georges, absorbé, ne répond pas.*) A ton tour, Georges, tu as l'air pensif...

GEORGES. Oui, Tom, je vais t'en dire la cause. Maintenant que Guillaume gouverne les états, maintenant que son retour et l'amour que j'ai pour Jeanne rendent mon mal plus terrible encore, je ne puis plus le dévorer en silence, et je veux au moins qu'un ami

sache ma peine et m'aide à la supporter...
Tu me conseilles de me faire soldat... mais
je ne pourrais être qu'un de ces soldats d'a-
venture qui ne comptent que sur le pillage,
et non pas, comme toi, soldat du prince Guillaume...

TOM. Mais pourquoi?...

GEORGES. Parce que je serais forcé de dire:
en m'enrôlant, le nom de mon père... et mon
père, Tom, était le major Van-Ruyter.

TOM. Van Ruyter!...

GEORGES. Oui, le major, que personne n'a
pu défendre quand on a publié son crime,
et que Guillaume, convaincu, vient de mau-
dire; cependant les preuves de son innocence
existent, elles sont dans une maison d'Amsterdam.

TOM. Laquelle?

GEORGES. Si je le savais...

TOM. Et comment ton père fut-il accusé?

GEORGES. Lorsque la femme de Guillaume proscrit était prisonnière du duc
d'Albe, un seul Flamand, un seul obtint la
grâce de la voir, ce fut mon père; chaque
nuit, on lui bandait les yeux et on le conduisait, après bien des détours, dans une
obscure maison d'Amsterdam, qui servait
de prison secrète à la pauvre captive; tout
à coup l'on découvrit une correspondance
de mon père avec le roi d'Espagne qui
prouvait qu'il s'était vendu. Le lendemain
le major avait disparu; on publiait l'em-
poisonnement de la comtesse, et la Hollande
trompée accusait avec épouvante Van Ruyter, qui, disait-on, fuyait avec une grande
richesse... J'étais bien jeune alors, et je savais le contraire, moi; car, la nuit qui précéda
ce fatal jour, j'attendais, inquiet, à la fenêtre,
le retour de mon père, qui devait revenir avec
ma jeune sœur, née depuis peu de jours seulement, quand je le vis attaqué, près de son
logis, au coin du pont Saint-Jacques, et rapidement entraîné par quatre combattants masqués. Je fus forcé de me taire; l'Espagne
m'aurait fait mourir pour un seul mot, et
dix ans se passèrent sans que j'eusse une seule
nouvelle de mon père.

TOM. Et enfin?

GEORGES. Un jour, un mendiant de la
Frise me jeta une lettre en passant; elle était
de mon père, qui m'écrivait ces mots: Ton
père languit depuis dix ans dans les prisons,
où il va bientôt mourir; les lettres qui m'ont
déshonoré étaient fausses, le jour de ma secrète arrestation, j'avais quitté la comtesse
empoisonnée par l'Espagne; elle venait de me
confier, mourante, qu'elle avait caché, derrière la boiserie d'une des chambres qui lui
servaient de prison un écrit contenant le récit
de ses malheurs et de son assassinat... J'al-

lais, ajoutait-il, tenter de m'en emparer,
lorsqu'on revint me bander les yeux et me
faire sortir de cette maison mystérieuse, que
je n'ai pu ni trouver ni chercher depuis, car
ce jour fut aussi celui de mon arrestation.
Je ne sais rien qui puisse te guider; cherche,
mon fils... et si tu découvres la maison, si
tu trouves cet écrit, qu'il te serve un jour
pour réhabiliter le nom que tu portes.

TOM. Et tu as cherché?...

GEORGES. Pendant cinq années entières.
Pour entrer partout dans la ville, j'ai été
tour à tour portefaix, mendiant..... je me
suis abaissé jusqu'à me faire le serviteur
des puissants du jour... Oui, Tom, pour
m'emparer de cette preuve qui réhabiliterait
le nom de mon père injustement flétri... j'allais... j'interrogeais... je cherchais.. mais,
hélas! vainement, toujours vainement!.. Découragé enfin, je devins braconnier pour
vivre, jusqu'au jour où je fus blessé, où mon
amour pour Jeanne prit naissance... Enfin,
je suis venu me fixer auprès d'elle à Amsterdam, où maître Berthol, un digne homme,
m'a généreusement donné un asile...Et maintenant que je t'ai dit la cause de ma tristesse,
parle, ami, d'où vient la tienne?

TOM. Oh! je n'ai, moi, Georges, qu'un
remords que rien de positif ne justifie encore,
et que tu sauras plus tard.... Adieu.... des
pillards oubliés ont inquiété hier l'hospice
Saint-Bruno, et j'ai reçu l'ordre de m'y rendre ce matin avec vingt hommes, afin de le
protéger et de le défendre au besoin.

GEORGES. Si le service t'appelle, adieu...

TOM. Georges, la sympathie m'avait fait
ton compagnon, et cette confidence m'ordonne d'être à jamais ton ami fidèle.

GEORGES. En te la faisant, j'étais sûr de
ton cœur... (*Apercevant Jeanne qui entre
par le fond.*) Jeanne!

SCÈNE III.

TOM, GEORGES, JEANNE.

GEORGES. Oh! venez; bénie soit ma demeure! l'ange arrive quand l'amitié s'en va.

TOM. Adieu, Georges.

GEORGES, *bas à Tom.* N'est-ce pas qu'elle
est bien belle?

TOM. Comme une sainte!

GEORGES. Elle et toi, malgré mon tourment, vous me faites aimer la vie... A demain.

TOM. A demain!

Il sort.

SCÈNE IV.

GEORGES, JEANNE.

JEANNE, *allant à Georges.* Eh bien, Georges !

GEORGES. Ma belle Jeanne...

JEANNE, *avec espoir.* Vous souriez !

GEORGES, *vivement.* Oh! ne prenez pas mon bonheur pour une espérance... je ne sais rien, Jeanne.

JEANNE, *avec douleur.* Le ciel n'entend donc pas mes ferventes prières.

GEORGES. Vous pleurez... (*Jeanne cache sa tête dans ses mains.*) Faut-il donc que, chaque matin, Jeanne, nos premières paroles soient mouillées de vos larmes!

JEANNE. C'est que, chaque matin, Georges, je sens se renouveler la douleur de la veille... Si Marie était morte.....

GEORGES. Le temps, pauvre Jeanne, viendrait à votre secours, et la consolation que l'on croit impossible au moment de la douleur, germe et vient toujours, si bien, que le temps aidant, l'on survit à sa sœur, on survit à sa mère...

JEANNE. Je le sais; mais Marie était pour moi plus qu'une sœur et autre chose qu'une mère... Songez donc que, toutes deux unies par un inconcevable événement, nous ne pouvions avoir qu'une âme et qu'une destinée. L'une de nous avait eu pour signe qui devait la faire reconnaître un jour une aumônière en velours qui fut conservée comme une relique jusqu'au jour où les asiles des orphelines furent fermés; et alors, comme nous étions du même âge, et portions toutes deux les noms de Jeanne-Marie, il devint impossible de désigner à laquelle elle avait appartenu; nous la prîmes ensemble, emportant le même espoir et la même misère; nous jurâmes que si cette aumônière nous amenait plus tard un secours, il serait entre nous deux confondu comme nous l'étions par la nature. Prenant alors le même sentier dans la vie, souffrant les mêmes douleurs, nous n'eûmes à nous deux qu'un destin, qu'un courage, qu'une existence, qu'un avenir, et j'ai perdu Marie !

GEORGES. Oh! oui; je comprends tout ce que vous devez souffrir.

JEANNE. Oui, Georges, et ne doutez pas à cause de ma douleur de toute mon affection pour vous. car je serais morte sans elle !

GEORGES. Votre affection, Jeanne, est un rayon du ciel qui chaque jour renouvelle le courage... Oh! oui, je veux, plein d'une force

nouvelle, chercher encore Marie. Tom, qui est de retour m'aidera, ainsi que maître Berthol, qui est si bon pour moi, et qui prend tant d'intérêt à tout ce qui vous touche.

JEANNE. Maître Berthol? il saura comprendre notre inquiétude; il est bon : je le vois chaque soir à l'office divin, qui soulage les pauvres.

GEORGES. Oui, je l'y ai vu souvent, les yeux tournés vers vous, et sans ma confiance en vous, j'en eusse été jaloux, Jeanne.

JEANNE. Adieu, Georges, et merci; car je pars avec un espoir.

GEORGES. Et si Dieu veut qu'il soit encore déçu, vous aurez du courage ?

JEANNE, *regardant Georges, et lui tendant la main.* Je l'espère!.... car je veux vivre !

GEORGES, *lui embrassant la main.* Oh! oui, pour que Georges croie enfin au bonheur en ce monde.

Jeanne sort.

SCÈNE V.

GEORGES, *puis* BERTHOL.

GEORGES. Ah! je le sens là, Tom et Jeanne, vous me ferez aimer la vie ! (*Allant près de la fenêtre.*) Que je l'entrevoie encore....

BERTHOL, *entrant sans voir Georges.* Enfin, Guillaume est donc maître de la Hollande!... et sa fille perdue manque seule à son bonheur... Possesseur d'un tel secret, il est temps que ma destinée s'accomplisse... L'amour de Georges et de Jeanne pourrait y mettre obstacle; mais je me souviens que Georges a raconté à l'auberge l'histoire d'une sœur qu'il a perdue... et avec cela...

GEORGES, *près de la fenêtre.* Jeanne rentre... Que sainte Marie veille sur elle...

BERTHOL, *l'apercevant.* Georges! Allons... à l'œuvre. (*Allant à la porte, et feignant de parler au dehors.*) N'oubliez rien... que tout soit prêt pour mon départ... (*Descendant la scène.*) Allons, il faut partir...

GEORGES. Vous, maître Berthol..... que parlez-vous de partir?...

BERTHOL. Oui, Georges... je vais m'embarquer.

GEORGES. Quand donc?

BERTHOL. Dans deux heures.

GEORGES. Et pour aller?

BERTHOL. Je vais aller, Georges, vers ces îles lointaines où les bâtiments qui peuvent en atteindre les côtes n'apportent que d'année en année quelques nouvelles européennes.

GEORGES. Oh! vous me désespérez, Berthol.

BERTHOL. Oui, je le sais, Georges... vous m'aimez, et j'aurais dû m'éloigner sans vous presser dans mes bras, et sans embrasser Jeanne, votre belle fiancée...

GEORGES. Mais dites-moi donc la cause de ce cruel départ.

BERTHOL. Je ne vous la dirai jamais; peut être la devinerez-vous plus tard... Adieu.

GEORGES, *l'arrêtant.* Berthol, le motif de cet épouvantable exil?

BERTHOL. Si vous le saviez, vous m'exciteriez à partir...

GEORGES. Qu'est-ce'donc enfin?

BERTHOL. Vous ne le saurez pas.

GEORGES. Je l'exige.

BERTHOL. Non.

GEORGES. Berthol!

BERTHOL. Ne m'interrogez pas.

GEORGES. Au nom de l'amitié qui nous lie... au nom de ma reconnaissance!

BERTHOL. Vous le voulez?

GEORGES. Je vous en prie.

BERTHOL. Georges, j'aime Jeanne d'un amour insensé...

GEORGES. Juste ciel!

BERTHOL. Cet amour me dévore et me tue. Vous voyez bien, Georges, que, me confiant au hasard des tempêtes, et demandant aux chances d'un interminable voyage ou la mort, ou l'oubli, il faut que je m'éloigne sans retard.

GEORGES. Pauvre Berthol!

BERTHOL. Oh! c'est qu'il y a longtemps, voyez-vous, que cet amour a pris naissance en mon âme.

GEORGES. Longtemps?

BERTHOL. Et je me complaisais à la garder secrète cette passion sainte et pure; depuis plusieurs années déjà, je suivais Jeanne en silence, travaillant pour acquérir... et voulant lui préparer un intérieur heureux avant de le lui offrir, quand des hasards vous rapprochèrent l'un de l'autre; vous étiez tous deux jeunes et beaux; vous vous aimâtes follement, et je vis alors, pièce à pièce, tomber mon échafaudage, mon beau rêve s'éteindre, mon espoir chanceler, s'évanouir, et sur tous ses tristes débris, mon amour seul a surnagé, toujours importun et fatal! Oh! Georges, si vous saviez tout ce que j'ai souffert!

GEORGES. Je le comprends, Berthol... moi qui mourrais si je devais renoncer à Jeanne.

BERTHOL. Peut-être en mourrai-je... Dieu décidera... et pourtant il me devait une récompense, car c'est moi qui l'ai sauvée de la mort, la pauvre fille, quand je l'ai déposée toute enfant dans la maison d'asile d'Anvers.

GEORGES. Vous!

BERTHOL. Et je ne soupçonnais pas alors quel malheur je me préparais.

GEORGES. Donc, vous savez qui est son père?

BERTHOL. Non; je l'ai vu seulement, après s'être vaillamment défendu, tomber au pouvoir de quatre satellites masqués du duc d'Albe; j'ai ramassé la pauvre fille meurtrie, qui pendant ce combat était tombée des bras de son père sur le pavé du chemin... Mais ne parlons plus d'un passé qui rouvre ma blessure.

GEORGES. Et cela se passait à Anvers?

BERTHOL. Oui, dans le cœur de la ville, au coin du pont Saint-Jacques.

GEORGES. Du pont Saint-Jacques?

BERTHOL. Oui!

GEORGES. Pendant la nuit?

BERTHOL. Pendant la nuit.

GEORGES. Il y a vingt ans?

BERTHOL. C'était l'année du siége! (*Tendant la main à Georges.*) Plaignez-moi, Georges...

GEORGES. Mais, dites-moi, rien ne vous a fait soupçonner qui était le père de Jeanne?

BERTHOL. J'ai ramassé sur le pont quelques aiguillettes de son costume, qui m'ont appris qu'il était officier dans les armées flamandes.

GEORGES. Et quel grade désignaient ces aiguillettes?

BERTHOL. Celui de major.

GEORGES, *à part.* Grand Dieu!... ma sœur!

Il tombe assis.

BERTHOL, *mettant son chapeau.* Et ces aiguillettes, ces renseignements ne m'ont pas fait espérer un instant que je pourrais rencontrer plus tard le malheureux père de Jeanne; car les ennemis vaincus du duc d'Albe n'ont jamais survécu à leur défaite. Adieu, Georges.

GEORGES. Attendez!

BERTHOL, *pleurant.* Et quand vous serez l'époux de Jeanne, ne lui dites rien de toute cette douloureuse histoire.

Il remonte la scène.

GEORGES. Je ne serai jamais l'époux de Jeanne.

BERTHOL, *avec surprise, s'arrêtant au fond.* Pourquoi?

GEORGES, *allant à lui.* Parce qu'un abîme infranchissable vient de s'ouvrir entre nous. (*Avec déchirement.*) Oh! mon Dieu! prenez pitié de moi.

BERTHOL. Qu'avez-vous?

GEORGES, *prenant Berthol par la main et lui faisant descendre la scène.* Berthol... ce major attaqué sur le pont Saint-Jacques.

BERTHOL. Eh bien?

GEORGES. C'était mon père.

BERTHOL. Votre père!

GEORGES. Et Jeanne est ma sœur.

BERTHOL, *à part*. J'ai frappé juste.

GEORGES. Et maintenant, Berthol, vous qui êtes son sauveur, vous ne partirez plus, n'est-ce pas?

BERTHOL. Votre sœur!

GEORGES. Restez, Berthol; c'est moi qui vais partir vers ce pays d'un autre monde, moi son frère, dévoré d'un amour criminel...

BERTHOL. Nous partirons ensemble...

GEORGES. Mais Jeanne va rester ici seule, abandonnée.

BERTHOL. Oh! je ne pourrais, Georges, remplacer auprès d'elle ce frère qu'elle doit perdre, sans qu'un invincible espoir subsistât en mon cœur... Et Jeanne ne m'aimera jamais.

GEORGES, *pleurant*. Mais vous l'aimez... vous, Berthol,... d'un amour qu'on peut avouer... et quel époux plus digne puis-je jamais souhaiter pour elle?... Berthol, l'amour qui l'occupe s'effacera de son cœur... et elle bénira bientôt en vous l'époux... le protecteur... l'ami... qu'elle doit respecter et chérir....

Il monte la scène.

BERTHOL, *voulant le retenir*. Où voulez-vous aller?

GEORGES. Trouver Jeanne, et tout lui dire.

BERTHOL. Attendez...

GEORGES. Non, le ciel veut que ce coup nous frappe ensemble... Mais ne partez pas, ne l'abandonnez pas...

BERTHOL. Je reste!

GEORGES. Mon Dieu! Seigneur! tu as changé ma mission... en moi l'amant doit disparaître, et le frère accomplira fidèlement son devoir... A bientôt, Berthol, à bientôt.

Il sort.

BERTHOL, *seul*. Allons, la première moitié de la besogne est faite, ne perdons pas un instant, appelons Daniel... et dépêchons-nous de faire la seconde... (*Il va faire un signe à la fenêtre.*) Le voici... il vient... il a l'air furieux... tant mieux, cela va me distraire un peu... (*Allant à la porte.*) Il monte! (*Regardant autour de lui.*) Nous serons bien seuls... Ah! le voici.

SCÈNE VI.

BERTHOL, DANIEL.

DANIEL, *paraissant éreinté*. Enfin... tu as bien fait de m'appeler... j'allais partir.

BERTHOL. Tu as donc perdu ta patience?

DANIEL. Je l'ai usée.

BERTHOL. Assieds-toi.

DANIEL, *s'asseyant*. Ce n'est pas de refus, j'ai les genoux dans l'estomac.

BERTHOL. Tu vieillis, Daniel.

DANIEL. Merci; semblable promenade fatiguerait à tout âge... Ce matin, au point du jour, toi que je n'avais pas revu depuis que j'ai quitté mon auberge, tu arrives comme une bombe dans ma boutique d'armurier, et tu me dis de te suivre. Tu me fais sortir par une porte de la ville, tu m'en fais faire presque le tour à travers les bois, les prairies et les vergers, et après m'avoir fait marcher trois grandes heures, sans me dire un seul mot, tu m'amènes en face de cette maison, me campes devant cette fenêtre, et j'attends deux heures encore avant que tu daignes me faire signe d'entrer; et maintenant j'espère que tu vas me dire où je suis.. et ce que tu veux.

BERTHOL. Tu es dans une maison qui m'appartient.

DANIEL. A toi?

BERTHOL. Oui. Les dix ducats que tu m'as donnés m'ont servi à en gagner deux cents, avec lesquels j'ai acheté cette maison.

DANIEL. Ah! c'est très bien, Berthol.

BERTHOL. N'est-ce pas?... Mais elle n'est plus à moi. Hier je l'ai reperdue au jeu; demain un autre en prendra possession... Et comme je suis ruiné et que j'ai besoin d'argent... je veux que tu m'en prêtes.

DANIEL, *se levant*. Et c'est pour me demander cela que tu m'as fait promener ainsi?

BERTHOL. Pour cela, et pour autre chose encore... Je veux que tu accomplisses enfin ton désir de te retirer en Portugal; en un mot, je veux faire ta fortune...

DANIEL, *faisant un pas pour sortir*. En m'empruntant de l'argent?

BERTHOL. Sache d'abord qu'étant resté seul à l'auberge des trois routes, je devins le guide de la jeune fille au secret tout-puissant.

DANIEL, *se rapprochant*. Et ce secret?

BERTHOL. Je l'ai.

DANIEL. Et la jeune fille?

BERTHOL, *tirant de sa poche l'aumônière que portait Marie*. Je n'avais d'abord d'autre intention que celle de lui ravir cette aumônière que je savais contenir le mystérieux écrit; mais elle se défendit avec tant d'acharnement, que, pour étouffer ses cris, je me vis forcé de la...

DANIEL. Tu l'as tuée...

BERTHOL. Pour qui donc votre seigneurie me prend-elle?

DANIEL. Oh! pardon! (*A part.*) Il l'a tuée. (*Haut.*) Mais qu'en as-tu fait?

BERTHOL. Enfin voici l'aumônière et la lettre.

DANIEL. Et que dit-elle?

BERTHOL. Tu vas voir.

DANIEL, *vivement*. Donne.

BERTHOL. Ne nous pressons pas... Regarde d'abord si personne ne nous écoute...

Daniel va très-rapidement regarder au dehors et revient de même.

DANIEL. Personne!

BERTHOL. Tu as déjà vu partout?

DANIEL. Partout!

BERTHOL. Il me semble que tu as retrouvé l'usage de tes jambes.

DANIEL. C'est que je suis si impatient!

BERTHOL, *lui donnant l'aumônière*. Tiens, prens dans cette aumônière, et lis.

DANIEL, *lisant après avoir pris la lettre*. « Le médecin Vander Does affirme et jure » que, servi par une rare circonstance, il a » pu soustraire aux Espagnols, qui croient » avoir exterminé toute la race de Guillaume » de Nassau, une fille de Jeanne Marie, » duchesse de Nassau, et de Guillaume, » comte de Nassau, prince d'Orange, et » qu'il l'a, dans les derniers jours de jan- » vier 1565, déposée dans l'asile d'Anvers » sous les deux noms de baptème de sa » mère... Jeanne et Marie... Signé, VANDER » DOÈS. »

BERTHOL. Eh bien! qu'en penses-tu?

DANIEL. Mais cette lettre est une fortune.

BERTHOL. Elle est à toi?

DANIEL. Comment dis-tu?

BERTHOL. Je dis que je te la donne... Depuis deux jours, Guillaume gouverne; tu peux aller maintenant lui dire qu'il doit es- pérer retrouver une fille, lui remettre cette lettre de son médecin, et recevoir en échange remercîments et récompenses...

DANIEL. Et tu possèdes cette lettre depuis plus de trois mois?

BERTHOL. Oui.

DANIEL. Et tu ne t'en es pas encore servi?

BERTHOL. Je vous la gardais.

DANIEL, *avec méfiance*. A moi!

BERTHOL. A vous, mon seul ami... Eh bien! tu ne cours pas t'enrichir?

DANIEL, *se rasseyant*. Je suis si fatigué...

BERTHOL. Tu ne l'étais plus tout à l'heure.

DANIEL. Ça me regagne.

BERTHOL. Prends bien soin de cette lettre.

DANIEL, *la remettant dans l'aumônière et lui rendant le tout*. Tiens, reprends-la, Berthol, je pourrais la perdre, tu sauras mieux la garder...

BERTHOL. Tu me la rends?

DANIEL. Oui, je serai plus tranquille.

BERTHOL. Et pourquoi?

DANIEL. Parce que... (*Prenant le chemin de la porte.*) J'aime mieux m'en aller.

BERTHOL, *l'arrêtant*. Tu veux me quitter?

DANIEL. Oui, sans façon... J'aime mieux te prêter de l'argent, et m'en aller.

BERTHOL, *s'emportant*. Mais pourquoi donc?

DANIEL, *tremblant*. Parce que... parce que j'ai peur.

BERTHOL. Peur... et de qui?

DANIEL. De toi!

BERTHOL. De moi!

DANIEL. Comment! toi, Berthol... tu as entre les mains depuis trois mois une for- tune que tu n'as pu conquérir qu'au prix de... Enfin n'importe! tu l'as conservée, insoucieux jusqu'à ce jour, et maintenant, tu dédaignes de t'en servir... Il y a, Berthol, dans tout ceci quelque chose de ténébreux et d'incompréhensible qui m'épouvante.

BERTHOL. Et que voulais-tu donc que je fisse?

DANIEL. Que tu allasses trouver le prince.

BERTHOL. Et que je reçusse de lui, n'est-ce pas, quelques faveurs en échange? cela eût été bon pour vous, maître Daniel, à l'esprit étroit, à l'imagination bornée, et je vous jugeais bien quand je vous gardais cette part... Mais vous avez pensé que moi, Berthol, devenu posses- seur de cet immense secret, je n'en ai pas sondé toutes les profondeurs, étudié toutes les ressources... et calculé tous les possibles avantages.... Vous m'avez méconnu, vous êtes un misérable... Allez-vous-en...

DANIEL. Je me repens... pardonne, et dis-moi... dis-moi ce que tu espères.

BERTHOL. Ce matin, quand nous mar- chions hors de la ville, comment avez-vous trouvé les châteaux que j'admirais?

DANIEL. Fort beaux!

BERTHOL. Et les forêts?

DANIEL. Bien longues!

BERTHOL. Et les prairies?

DANIEL. Bien grandes!

BERTHOL. Eh bien! je veux avant huit jours posséder ces châteaux, ces prés et ces forêts, avec les vassaux qui les habitent et les blasons qui les décorent.

DANIEL. Seulement!

BERTHOL. Oui, pour l'instant... Tous ces biens immenses, qui appartenaient jadis à la comtesse de Nassau, deviendront l'héritage de cette fille de la comtesse, et je veux deve- nir, moi, l'époux de cette fille avant de la faire connaître au prince... Comment trou- vez-vous le projet?

DANIEL. J'admire... et je me prosterne.

BERTHOL. Si tu savais, Daniel, que de peine! D'abord pendant un mois entier, j'ai cherché nuit et jour la trace de cette femme. Enfin, j'étais découragé, quand un hasard me la fit rencontrer... Je fus frappé d'abord de la ressemblance qu'elle avait avec la comtesse de Nassau, que... j'ai vue de près jadis...

DANIEL. Tu as vu de près la femme de Guillaume ?

BERTHOL. De très-près... lorsque autrefois je fus chargé de guider auprès d'elle le major Van Ruyter dans une petite maison obscure...

DANIEL. Alors qu'elle était prisonnière ?

BERTHOL. Oui... Et maintenant que je veux épouser sa fille... je dois plus que jamais tâcher de perdre tous ces fâcheux souvenirs... Enfin, Daniel, les noms de cette jeune fille, la date de son entrée dans la maison d'asile... ne me laissèrent plus aucun doute sur son origine... Mais alors un obstacle m'apparut.

DANIEL. Elle était mariée ?

BERTHOL. Non, mais elle avait dans le cœur un violent amour pour un jeune homme, qui, blessé, avait reçu ses secours... Je me fis aussitôt le compagnon du fiancé, je l'accueillis dans cette maison que j'ai achetée proche de l'habitation de Jeanne... Je devins leur ami commun, presque leur bienfaiteur.

DANIEL. Et tu veux te faire aimer ?

BERTHOL. C'est presque inutile !

DANIEL. Comment donc espères-tu les séparer ?

BERTHOL. Je viens, à l'aide d'un adroit mensonge, de leur faire croire et de les convaincre qu'ils sont frère et sœur.

DANIEL. Bon ! bon ! bon !...

BERTHOL. T'y attendais-tu ?

DANIEL. Non, par Dieu !

BERTHOL. Cela ne m'étonne pas !

DANIEL. Mais il ne suffit pas de les séparer, il faut encore...

BERTHOL. Voulez-vous me faire le plaisir de m'écouter jusqu'au bout ? Non-seulement j'ai su les désunir, mais j'ai amené Georges à me supplier de rester à sa place près de sa prétendue sœur, qui me vénère, m'honore et me croit déjà plein d'amour pour elle.

DANIEL. Dieu que c'est fort !... la position est bonne.

Il met la lettre et l'aumônière dans son sac.

BERTHOL. Et tu sais si ton ami Berthol en saura profiter. (*Regardant par la fenêtre.*) Tiens, regarde, voici Georges qui sort de la maison dans laquelle Jeanne demeure.

DANIEL, *regardant.* Oui, il vient ici.

BERTHOL. Et je le jure, Daniel, avant peu Jeanne sera ma femme. Toi, tu iras aussitôt sur les pas de Guillaume lui remettre cette lettre, et quand il découvrira, reconnaîtra sa fille, je commencerai, moi, son époux de la veille, par m'humilier à l'aspect de la position brillante; puis je m'y habituerai promptement... Bientôt, Daniel, nous aiderons le prince à gouverner ses états, administrer ses finances ; nous nagerons dans l'or...

DANIEL, *triomphant.* Oui, nous nagerons...

BERTHOL. Ah ! j'oubliais... donne-moi ta bourse.

DANIEL, *fouillant dans ses deux poches à la fois.* Il se trouve précisément que j'en ai deux sur moi.

BERTHOL, *les prenant.* C'est égal, donne tout de même, et laisse-moi... (*Désignant la porte latérale de droite au second plan.*) Entre ici, Georges vient...

DANIEL. Oui, je te laisse avec lui... (*Il va pour entrer; s'arrêtant et revenant tout près de Berthol.*) Berthol !...

BERTHOL. Quoi ?

DANIEL, *avec emphase.* Vous êtes un grand homme !

BERTHOL. Et vous, une bête !... allez-vous-en... (*Daniel entre dans sa chambre.*) Voyons ce que Georges va me dire, et tâchons de profiter de son erreur; car si je lui laisse le temps de découvrir mon mensonge... Ah ! le voici !

SCENE VII.

BERTHOL, GEORGES.

GEORGES, *entrant.* Je viens, mon ami, vous appeler à mon aide... J'ai tout dit à Jeanne, et comme mon cœur, son cœur n'a pu contenir un cri d'épouvante... puis un sentiment de fraternité jusqu'alors inconnu a traversé son âme, puis l'horreur que lui inspire son amour brûlant encore... Puis enfin, tant de joie dans sa douleur, tant de douleur dans sa joie semblent avoir un instant égaré sa raison... et je tremble et ne peux raffermir son âme, moi qui ressens les mêmes terreurs, éprouve le même délire... Mais venez... vous, que la Providence a mis entre nous comme le salut de nos consciences; vous, que Jeanne a déjà béni comme son sauveur... venez consoler ma pauvre sœur, que sans vous je laisserais seule dans le monde.

BERTHOL. Eh bien ! oui, Georges, venez, et nous la consolerons, nous qui pourrons la convaincre qu'en échange de son espoir détruit, Dieu lui donne un frère courageux et bon, que le temps ramènera plus tard auprès d'elle...

GEORGES. Peut-être !...

BERTHOL. Êtes-vous prêt ?

GEORGES. Je vous attends !

BERTHOL. Partons !

Ils sortent par le fond.

SCENE VIII.

DANIEL, *sortant de la chambre.*

Ils sont partis... ils vont trouver la jeune femme, Berthol avait bien prévu... Tout marche au gré de ses désirs. (*S'approchant de la fenêtre*). Les voici déjà sur la place... Ils entrent dans une maison près de l'église... Allons, l'affaire est en bonnes mains... Je suis impatient déjà de savoir ce qui se passe... Si je m'approchais de la maison de Jeanne... Je n'ai plus rien à faire chez Georges... Oui, je veux me mettre sur le chemin de Berthol... (*S'arrêtant au fond.*) Mais qui vient? Une jeune fille qui porte l'habit des orphelines. Un jeune soldat l'accompagne, la guide, la soutient... Soyons prudent... rentrons ici... Berthol ne m'a pas chargé de faire les honneurs!

Il entre dans la chambre.

SCÈNE IX.

TOM, MARIE.

TOM, *guidant Marie.* Par ici, venez... maintenant que nous sommes arrivés, vous allez vous reposer.

MARIE. Oh! je ne suis pas fatiguée... (*Regardant tout autour d'elle et cherchant à distinguer.*) Dites-moi, nous sommes chez Jeanne?

TOM. Non, nous sommes chez Georges, son fiancé... et je veux que Jeanne soit, comme vous, prévenue d'abord de votre prochaine rencontre, et puis aussi du malheur qui vous est arrivé...

MARIE. Oui, mais en lui apprenant que j'ai perdu la vue... vous lui direz...

TOM, *l'interrompant.* Quel est notre espoir... Oh! soyez bien tranquille. Je lui dirai que votre guérison, qui encore hier n'était que probable, est aujourd'hui certaine Car ce matin, Marie, vous avez pu distinguer toutes les couleurs de mon uniforme; et tout à l'heure, pendant le chemin...

MARIE. Je voyais les passants qui venaient à notre rencontre... Et maintenant, ici... je vois bien cette fenêtre... Là, un meuble, une table... je pense. Oh! tout n'est plus pour moi la nuit obscure et complète, et je pourrais presque marcher sans guide.

TOM. Pas encore, mais bientôt... pourvu... que votre entrevue avec Jeanne ne vous cause pas une émotion funeste.

MARIE. Je ne crois pas, moi, que trop de bonheur puisse jamais faire du mal.

TOM. Dieu vous entende... Tenez! venez par ici... Dans cette autre chambre vous pourrez vous asseoir... attendre patiemment.

MARIE. Et vous allez prévenir Jeanne et me l'amener?

TOM. Oui!

MARIE. Elle n'est pas loin d'ici?

TOM. Elle loge à quelques pas.

MARIE. *allant vers la muraille.* Bien, allez!... je vais vous attendre.

DANIEL, *sortant de la chambre, à part.* Ils sont encore ici?...

MARIE, *à Tom.* Où êtes-vous donc?

TOM, *se rapprochant.* Pourquoi?...

MARIE, *souriant.* Parce que... je me suis trop vantée... Je ne trouve pas la porte.

TOM, *lui prenant la main.* Par ici... Venez.

Ils entrent à droite au premier plan.

SCÈNE X.

DANIEL, *seul.*

Qu'est-ce que cela veut dire? Une jeune fille aveugle... ici chez Georges... que veulent-ils?... Je n'ai pas pu saisir un seul mot de leur conversation au travers de cette porte. Si j'allais les questionner... On vient... C'est le soldat.

Il se retire au fond.

SCÈNE XI.

DANIEL, TOM.

TOM, *sortant de la chambre.* Maintenant Georges est sans doute auprès de Jeanne. Je vais peut-être les trouver ensemble!... (*Comme il va pour sortir, il rencontre Daniel.*) Quelqu'un... (*Le reconnaissant.*) Maître Daniel?

DANIEL, *le regardant.* Vous me connaissez?... Mais c'est Tom!

TOM. Lui-même... (*A part.*) Mon ancien maître. (*Haut.*) Comment êtes-vous ici?

DANIEL. Comme ami du propriétaire de la maison, de maître Berthol... Mais si je ne me trompe, tu es officier, Tom.

TOM. Vous voyez.

DANIEL. Je t'en fais mon compliment, tu dois être bien heureux.

TOM. Ce matin encore j'étais le plus triste des hommes; mais à cette heure je suis plus joyeux qu'un vainqueur et plus heureux qu'un roi... Ce matin encore je me croyais presque la cause de la mort d'une pauvre fille... Eh! mais, précisément, Daniel, vous devez vous souvenir de ce jour, où, payant mon tribut à la première impression de la guerre, je revins chez vous, tremblant, épouvanté...

DANIEL. Oui !

TOM. Je vous dis alors que j'avais lâchement abandonné une jeune fille, dont le père venait d'être mortellement frappé.

DANIEL. Eh bien ?

TOM. Je la croyais tuée depuis ce fatal jour.

DANIEL, *avec inquiétude*. Et tu l'as retrouvée ?

TOM. Ce matin, étant de service à l'hospice Saint-Bruno, je la vis entre les mains des médecins, qui me dirent l'avoir recueillie expirante sur le bord de la rivière.

DANIEL, *à part*. Hein !... (*Haut.*) Elle y était tombée par accident ?

TOM. Non pas. Cette même nuit, la malheureuse fille égarée se confia à je ne sais quel infâme qui s'était offert pour l'accompagner, et qui l'a jetée dans la rivière après l'avoir volée.

DANIEL, *inquiet*. Et sans doute elle espère faire punir celui qui l'a volée.

TOM. Il faudrait d'abord pour cela qu'elle pût le reconnaître.

DANIEL, *à part*. C'est vrai... Elle est aveugle.

TOM. Par suite de sa chute funeste...

DANIEL, *l'interrompant*. Eh, pourquoi l'as-tu conduite ici ?

TOM. Parce qu'elle est la compagne d'enfance de la fiancée de Georges... Parce que je suis impatient de dire et de prouver qu'elle est vivante. Eh, je veux courir d'abord prévenir prudemment Jeanne de ce bonheur inattendu... Au revoir, Daniel.

DANIEL, *l'arrêtant*. Attends, Tom !

TOM. Pourquoi ?

DANIEL, *à part*. Comment l'empêcher ? (*Haut.*) Tu ne pourrais rencontrer Jeanne ; elle vient de partir tout à l'heure, accompagnée de Berthol et de son fiancé. J'en suis sûr, moi... Je viens de leur faire mes adieux.

TOM. Où vont-ils ?

DANIEL. A quelques lieues d'ici ; car ils ne seront de retour que demain.

TOM. Quel fâcheux contre temps !... pauvre Marie ! Je ne sais comment lui dire...

DANIEL. Il faut cependant bien le lui dire (*A part.*) Mon Dieu ! je tremble...

TOM. Ils ne seront, dites-vous, de retour que demain ?

DANIEL, *précipitamment*. Pas avant !

TOM, *l'observant*. Mais, qu'avez-vous, donc, Daniel ?

DANIEL. Rien ; c'est le récit de ce crime qui m'a vivement ému.

TOM. C'est bien affreux, n'est-ce pas ?

DANIEL. Epouvantable !

TOM. Allons, il faut que je reconduise cette pauvre fille à l'hospice.

DANIEL. Oui, et demain elles pourront se voir... (*A part.*) Si Georges ou Jeanne venaient...

TOM. Maintenant qu'elle a l'espérance, Daniel, elle aura la patience et le courage.

DANIEL. Sans doute... (*A part.*) Il ne s'en ira pas.

TOM, *allant à la porte*. Il faudra bien qu'elle se résigne.

Il entre dans la chambre.

DANIEL. Enfin !... la victime de Berthol est vivante, elle est ici, chez Georges... Oh ! il faut que sans retard j'aille instruire Berthol de tout ceci... (*Regardant par la fenêtre.*) Voyons... la maison près l'église... c'est bien cela... J'entends revenir Tom ? Hâtons-nous...

Il sort en courant ; Tom et Marie sortent de la chambre.

SCÈNE XII.

TOM, MARIE.

TOM. Ce n'est retardé que d'un jour.

MARIE. Mais ne pouvons-nous les atteindre ?...

TOM. On n'a pas pu me dire où ils sont allés ; mais demain...

MARIE. Demain ? Attendre jusqu'à demain... rentrer dans cet hospice... sans avoir revu Jeanne... Oh ! je vous en supplie, conduisez-moi chez elle, où je pourrai du moins toucher de la main ses vêtements oubliés... Vous me ferez asseoir, là, où elle est souvent assise, et je l'attendrai.

TOM. Et pendant ce temps nul secours des médecins.

MARIE. Vous avez raison... (*avec terreur*) car je crains d'avoir commis une imprudence.

TOM. Vous souffrez donc, maintenant ?...

MARIE. Oui, comme hier...

TOM. Oh ! venez, venez ! que des soins empressés...

MARIE. Oui, partons... car ne jamais revoir Jeanne, ce serait trop affreux.

Ils sortent par la porte du fond à droite ; l'Étranger entre par celle de droite *.

SCÈNE XIII.

L'ÉTRANGER, *seul*.

Personne !... Ce doit bien être ici ; voyons, dans cette chambre peut-être. (*Il frappe.*) On ne répond pas... Je suis cependant bien chez Georges... Oui, je reconnais son arquebuse et sa gibecière... Asseyons-nous et attendons...

Il s'assied près de la table et y dépose son chapeau.
Daniel entre tristement par le fond.

* Cette porte au fond à droite ne sert qu'à l'Étranger.

SCÈNE XIV.

L'ÉTRANGER, DANIEL

DANIEL. Je ne puis joindre Berthol. En vain j'ai frappé à la porte de Jeanne, et l'on m'a dit les avoir vus sortir. Où sont-ils?... *(Apercevant l'Etranger, qui est assis.)* Mais je ne suis pas seul ici.

L'ÉTRANGER, *l'apercevant.* Quelqu'un... *(Il se lève.)* Suis-je bien ici chez Georges?

DANIEL. Il y a tant de personnes qui portent ce nom!

L'ÉTRANGER. Celui que je cherche était, il y a trois mois, braconnier dans les environs d'Amsterdam.

DANIEL. Vous êtes chez lui, monsieur.

L'ÉTRANGER. Savez-vous où je pourrais le rencontrer?

DANIEL, *bas.* Commençons par mentir... *(Haut.)* Non, monsieur. Il ne sera de retour ici que demain.

L'ÉTRANGER. Alors, je reviendrai. *(Allant prendre son chapeau.)* Sa blessure est bien guérie?

DANIEL. Sa blessure?... Depuis deux mois déjà.

L'ÉTRANGER. Tant mieux!

DANIEL. Monsieur ne l'a pas vu depuis longtemps?

L'ÉTRANGER. Je ne suis de retour que depuis deux jours.

DANIEL. Monsieur avait suivi le prince Guillaume?

L'ÉTRANGER, *s'en allant.* Oui, monsieur.

DANIEL. Monsieur faisait-il partie de l'expédition?

L'ÉTRANGER. Non, monsieur.

DANIEL. Monsieur ne se battait pas?

L'ÉTRANGER. Si, monsieur. J'ai bien l'honde vous saluer.

DANIEL, *le reconduisant.* Je regrette, monsieur, de ne pouvoir vous être utile.

L'ÉTRANGER, *s'arrêtant sur la porte.* Oh! je voulais seulement savoir de Georges où est maintenant un jeune homme qui servait il y a quelques mois dans l'auberge des trois routes. Je reviendrai demain.....

DANIEL. Tom Willman, sans doute.

L'ÉTRANGER. Vous le connaissez?

DANIEL. J'étais l'aubergiste.

L'ÉTRANGER. Vous, monsieur?... *(Redescendant vivement la scène.)* Alors, peut-être pourriez-vous me donner les renseignements que je désire?

DANIEL. Peut-être, monsieur, et je vous écoute.

L'ÉTRANGER. Je suis à la recherche d'une jeune femme que j'ai vue, monsieur, dans votre auberge, le jour de la révolte d'Amsterdam, et je voulais savoir si vous, ou votre garçon, ou Georges, pourriez me mettre sur sa trace; c'était une orpheline d'Anvers.

DANIEL, *à part.* Encore!... *(Haut.)* Vous ne savez pas ses noms?

L'ÉTRANGER. Je crois qu'elle se nomme Jeanne-Marie.

DANIEL, *à part.* Que lui veut-il? *(Haut.)* Je ne puis, monsieur, vous donner aucun indice....

L'ÉTRANGER. C'est fâcheux...

DANIEL. Cependant... en réfléchissant...

L'ÉTRANGER, *avec chaleur.* Oh! cherchez bien, monsieur... cherchez.

DANIEL. C'est donc bien grave?

L'ÉTRANGER, *de même.* Qu'il vous suffise de savoir qu'un seul renseignement pourrait rendre un important service au prince Guillaume, qui vous en récompenserait.

DANIEL. Ah!... et quel service?

L'ÉTRANGER. Celle que je cherche, monsieur, est sa fille.

DANIEL. Sa fille!... *(A part.)* Qui peut lui avoir dit cela?... Laissons d'abord s'accomplir le mariage de Berthol.

L'ÉTRANGER. Eh bien! monsieur?

DANIEL. Eh bien! monsieur, ce que vous venez de me dire... me déroute entièrement.

L'ÉTRANGER, *vivement.* Je sais que celle qui était dans votre auberge avait retrouvé son père, mais elle pourrait indiquer sa compagne... Les démarches que j'ai faites hier m'ont appris que deux jeunes filles portant toutes deux les noms de Jeanne et de Marie, sont sorties ensemble de l'asile d'Anvers. L'une d'elles assurément pourrait indiquer l'autre, et vous voyez, monsieur, quel résultat pourrait avoir un renseignement.

DANIEL. La mémoire m'échappe... Je ne sais rien!

L'ÉTRANGER. Rien?

DANIEL. Absolument rien!

L'ÉTRANGER. Tant pis... *(S'en allant.)* Je vais questionner ailleurs.

DANIEL. Mais si elles portent les mêmes noms...

L'ÉTRANGER. Eh bien?

DANIEL. Il sera difficile de distinguer la fille du prince.

L'ÉTRANGER. Non, un signe doit particulièrement la désigner.

DANIEL. Et savez-vous lequel?

L'ÉTRANGER. Tenez!... *(Prenant une gazette dans sa poche et la donnant à lire à Daniel.)* En vous disant tout cela je ne vous fais aucune confidence, car voici une gazette imprimée aujourd'hui, et qui sera demain distribuée dans tous les états du prince; gardez-la, lisez-la, et si la mémoire vous vient en aide, faites-en votre profit.... Dans quelques jours je viendrai voir Georges.

DANIEL. Je l'en préviendrai... votre nom?

L'ÉTRANGER. Je n'en ai pas. ...

DANIEL. Ah!!...

L'ÉTRANGER. Monsieur, je vous salue.

Il s'incline et sort.

SCÈNE XV.

DANIEL, *seul.*

Singulier personnage!... il cherche Jeanne... Et cette gazette? Voyons ce qu'elle dit... (*Lisant.*) « Révélation faite au prince Guillaume » sur la probable existence de sa fille...... » (*Parlant.*) Un autre avait donc le secret et s'en est servi déjà... le prince sait que sa fille existe... et Berthol n'est pas encore l'époux de Jeanne... deux jours encore, et tout peut être perdu... que fait-il donc maintenant?... Ah! le voici!

SCÈNE XVI.

DANIEL, BERTHOL.

BERTHOL, *entrant fièrement.* Viens m'embrasser, Daniel.

DANIEL. J'ai bien autre chose à faire, Berthol! on a révélé au prince l'existence de Jeanne... il la cherche.

BERTHOL. Qui t'a dit cela?

DANIEL. Cette gazette, qui sera publiée demain.

BERTHOL. Tant pis! tu n'auras pas la récompense.

DANIEL. Ni toi, les palais de la comtesse.

BERTHOL. Pourquoi?

DANIEL. Si demain le prince découvre Jeanne?

BERTHOL. Eh bien!

DANIEL. Crois-tu qu'alors il te la donnera pour épouse?

BERTHOL. Je suis marié.

DANIEL. Marié!

BERTHOL. Heureusement, car si je les avais laissés s'engourdir un seul jour dans leur désespoir, ils n'auraient plus consenti; mais j'ai tant de fois répété qu'il fallait qu'un obstacle invincible vînt se mettre entre eux pour leur imposer des devoirs qui chasseraient leurs passions criminelles, que Georges m'approuvait avec terreur et résignation; l'église était près de la maison, l'or que tu m'as donné m'a servi; un chapelain s'est dévoué; nous avons entraîné Jeanne plutôt morte que vive, nos noms ont été écrits, le prêtre a promptement dit l'office matrimonial; et tandis que Georges pleurait et que Jeanne, encore paralysée, s'évanouissait, les liens les plus indissolubles viennent d'être consacrés, Daniel, comme dans un conte de fées, comme dans un rêve... Et maintenant que nous n'avons rien à redouter... lisons cette gazette, qui donne à la fois au prince régnant une fille et un gendre.

DANIEL. Tiens, Berthol...

BERTHOL, *lisant.* « Un mystérieux per» sonnage, qui dit avoir attendu pour lui ra» conter une grande histoire l'avénement » certain du prince, vient de lui adresser » une lettre... Le prince Guillaume, souve» rain des états, s'empresse de la publier, es» pérant qu'elle arrivera bientôt ainsi à la » connaissance de celle qui pourra venir » confirmer une vérité dont il appelle la » preuve avec espérance et ferveur... Prince, » j'affirme et je jure que vers la fin du mois de » janvier 1565, j'ai pu sauver des mains des » Espagnols, qui croient avoir anéanti toute » votre race, une fille nouvellement née de » vous et de Jeanne-Marie, comtesse de » Nassau, et que je l'ai le même jour dépo» sée à Anvers dans l'asile des orphelines... » (*Parlant.*) C'est bien la même histoire. (*Il lit.*) « Dieu juste a dû vous la conserver, et » seulement quand vous aurez embrassé vo» tre fille, celui qui vous écrit se nommera. » (*Parlant.*) Nous saurons bientôt son nom, Daniel... (*Lisant.*) « Pour se faire recon» naître, elle a dû conserver comme une re» lique une aumônière en velours noir... »

DANIEL. Que dis-tu?

BERTHOL. « Dans laquelle sont brodés les » deux noms qu'elle porte. » (*Ils se regardent tous les deux.*) Daniel!... qu'as-tu fait de l'aumônière?

DANIEL, *la sortant de sa poche en tremblant.* La voici, velours noir... et dedans... deux noms brodés... Jeanne et Marie.

BERTHOL. Mort et sang!...

DANIEL. Cette aumônière appartenait à celle que tu as guidée.

BERTHOL, *avec épouvante.* Daniel, j'ai tué la fille du prince!

DANIEL. Tu l'as donc tuée? tu m'avais dit...

BERTHOL. Je vous ai dit ce que j'ai voulu...

DANIEL. Rassure-toi, elle n'est pas morte.

BERTHOL. Elle est vivante!...

DANIEL. Je viens de la voir, elle vient de venir ici... pensant y trouver Jeanne.

BERTHOL. Fuyons, Daniel!

DANIEL. Oui... fuyons.

BERTHOL. Je serais perdu si je restais en Hollande.

DANIEL. Oui, nous serions perdus.

BERTHOL. Elle pourrait m'y apercevoir un jour, et me reconnaître pour son assassin.

DANIEL. C'est impossible, elle est aveugle.

BERTHOL. Aveugle!

DANIEL. Sa chute ne l'a pas tuée... elle l'a privée de la vue. Mais c'est égal, allons nous-en.

BERTHOL. Aveugle! restons... Et réponds-moi... qui l'a conduite ici?

DANIEL. Tom, mon ancien garçon d'auberge.

BERTHOL. Où est-elle maintenant?

DANIEL. A l'hospice Saint-Bruno, où elle a été recueillie.

BERTHOL. Elle ne sait rien?...

DANIEL. Rien!...

BERTHOL. Daniel, je veux lutter encore.

DANIEL. Qu'espères-tu?

BERTHOL. Tout, et rien... mais ce hasard qui l'a fait vivre aveugle m'étonne et me ranime; je pars.

DANIEL. Où vas-tu?

BERTHOL. A l'hospice.

DANIEL. Et que feras-tu?

BERTHOL. Je ne sais... je veux la voir, l'entendre... et alors, l'imagination, l'audace et la présence d'esprit me serviront peut-être... Adieu.

DANIEL. Et ta femme?

BERTHOL. Quelle femme?

DANIEL. Parbleu!... Jeanne!

BERTHOL. Ah! c'est vrai, je suis marié... tu la recevras... tu justifieras mon absence...

DANIEL. Comment?

BERTHOL. Je n'en sais rien... combine, trouve, invente.

Il monte la scène.

DANIEL, *l'arrêtant par le bras.* Invente... invente... je n'ai pas d'imagination...

BERTHOL, *le repoussant.* Cherches-en.

DANIEL, *se cramponnant.* Je n'en trouve pas.

BERTHOL, *le poussant avec colère.* Vous m'ennuyez!...

Il sort en courant.

SCÈNE XVII.

DANIEL, *seul.*

O mon Dieu! qu'est-ce que tout cela va devenir?... je vais commencer par m'enfermer... (*Il ferme toutes les portes.*) J'ai peur... j'ai les jambes brisées, la tête rompue..... J'ai froid, je brûle..... mes idées se heurtent, se croisent, je vois devant moi la fortune qui s'en va, la potence qui vient... Et dire que sans Berthol je serais paisible rentier dans le pays des orangers ou sur les bords du Guadalquivir! (*Il s'assied. On frappe. Se levant en sursaut.*) Voici Georges et Jeanne... déjà... Je veux bien être brûlé vif... si je sais ce que je vais leur dire... (*On frappe de nouveau.*) Oh! Daniel, mon patron, viens à mon secours... En allant bien lentement leur ouvrir, peut-être bien qu'en chemin je trouverai de l'imagination.

Pendant qu'il monte lentement à la porte, en arrondissant la scène, le rideau tombe.

ACTE TROISIEME.

Une salle de l'hospice Saint-Bruno. Porte au fond. Porte latérale à droite et à gauche; au premier plan à droite, un prie-Dieu. Au lever du rideau, Georges et Tom entrent en scène par le fond: ils sont conduits par l'Econome de l'hospice.

SCÈNE PREMIÈRE.

TOM, GEORGES, UN ECONOME DE L'HOSPICE SAINT-BRUNO.

TOM. Monsieur l'économe, c'est ici que nous allons attendre.

L'ÉCONOME. Oui, et je vais prévenir demoiselle Marie... Lui dirai-je que vous venez de la part de maître René?

TOM. Maître René... quel est cet homme?

L'ÉCONOME. Un bourgeois d'Amsterdam qui, touché de la fâcheuse condition de la pauvre blessée, a promis de lui assurer à jamais une existence heureuse.

TOM. Pourquoi nous avez-vous crus ses messagers?...

L'ÉCONOME. Je l'espérais, parce que depuis deux jours il n'est pas venu ici, et j'aurais été heureux de pouvoir lui faire dire que, depuis ce temps, demoiselle Marie a complètement et miraculeusement retrouvé la vue

TOM. Et cela grâce à vos bons soins, qu'animaient l'intérêt que vous nous portez...

L'ÉCONOME. Et que méritent si bien les malheurs et la résignation de la jeune fille qui a eu besoin de nos secours.

TOM. Soyez donc assez bon pour dire à Marie que l'officier Tom Wilmann est de retour et qu'il désire la voir.

L'ÉCONOME. Je me rends auprès d'elle.

Il sort.

SCÈNE II.

GEORGES, TOM.

GEORGES. Je vais donc la revoir cette jeune fille qui était la compagne de ma sœur, et je dois te l'avouer, Tom, j'éprouve je ne sais quel triste bonheur à me rapprocher d'elle, qui a eu la même enfance et la même jeunesse que Jeanne. Mais je tremble que, plus tard, maître Berthol n'apprenne, par Marie, que je n'ai pas quitté la Hollande, comme je lui ai juré de le faire.

TOM. Nous ne dirons pas à Marie que Jeanne a un frère, et que tu es ce frère... D'ailleurs maître Berthol a bien pris le soin de te séparer de Jeanne, puisqu'ils ont disparu tous deux depuis le jour de leur mariage.

GEORGES. N'importe, il m'a fait jurer, ce jour-là, que je partirais.

TOM. Et si tu n'as pas tenu ton serment, c'est moi qui ai dû t'en empêcher, moi qui n'ai pas voulu te laisser quitter la Hollande, où tu peux seulement trouver peut-être un jour la réhabilitation de ton père... Mais voici Marie... Vois donc, Georges, comme elle ressemble à Jeanne.

GEORGES. Oui, l'on dirait que Dieu, qui leur a donné jusqu'à ce jour le même sort, se soit complu à leur donner aussi presque le même visage.

SCÈNE III.

LES MÊMES, MARIE, *puis* L'ÉCONOME.

MARIE, *entrant*. Tom!.... c'est vous.... (*Allant à lui.*) Vous m'apportez, n'est-ce pas, des nouvelles de Jeanne?...

TOM. Non, Marie; son mariage semble nous l'avoir ravie... et j'accours pour savoir si vous avez besoin de mon dévouement, si vous avez quelque chagrin ou quelque bon espoir à me confier ; et comme les obligations de mon état peuvent m'éloigner de nouveau, j'ai prié Georges, un ami sûr, que voici (*Georges salue Marie*), de m'accompagner, afin qu'il pût, au besoin, me remplacer auprès de vous.

MARIE, *l'observant*. Georges!...

GEORGES. Oh! vous ne me reconnaissez pas sans doute, moi qui ne vous ai aperçue qu'une fois... à l'auberge des trois routes...

MARIE, *en passant près de Georges*. Si... je me souviens... merci... je n'ai que d'heureuses choses à vous dire; depuis votre départ, un homme charitable est venu bien souvent me consoler et m'armer de courage.

TOM. L'économe qui nous a reçus nous a dit qu'il avait promis de se charger de votre avenir.

MARIE. Oui, sa bonté consolatrice offrait à l'aveugle ses secours et son appui protecteur, car il n'osait prévoir que la grâce divine me guérirait de toutes mes terreurs en me rendant la vue.

TOM. Et c'est là l'heureuse nouvelle que m'annonçait votre lettre.

MARIE. Quelle lettre?

TOM. La lettre que vous m'avez écrite.

MARIE. Je ne vous ai pas écrit.

TOM. Vous n'avez pas, il y a trois jours, remis une lettre pour Tom l'officier à un des soldats qui m'avait accompagné ici?

MARIE. Non, Tom!

GEORGES. Singulier mystère!...

TOM. Hier, un soldat de la compagnie que je commandais ici, me voyant de retour, vint à moi et me dit : Je vous croyais encore sur la frontière, mon officier; si bien que je vous y ai dirigé une lettre qui m'avait été remise pour vous... — Et par qui?... lui demandai-je?... — Par cette orpheline d'Anvers, qui était aveugle à l'hospice Saint-Bruno. — Et quand t'a-t-elle remis cette lettre?— Il y a deux jours? — Où donc?—Près d'une des portes de la ville... — Elle a donc retrouvé la vue?...— Apparemment, me dit-il? — Et tu ne l'as pas questionnée? — Non, me répondit le soldat ; à peine avais-je pris de ses mains la lettre, qu'elle m'a donnée en tremblant, qu'elle s'est éloignée comme si elle craignait d'avoir été aperçue.

MARIE. Je n'ai pas quitté l'hospice, je ne vous ai pas écrit.

TOM. Et moi, Marie, je n'ai pas eu la patience d'attendre le retour de cette lettre, qui, peut-être maintenant, arrive à mon adresse; j'ai prié Georges, mon ami, de me suivre aussitôt...

MARIE. Tom!... ce n'est pas la première fois qu'une semblable confusion se rencontre, et cette orpheline qui vous a écrit, celle que l'on a prise pour moi..... ne peut être que Jeanne....

GEORGES *et* TOM. Jeanne!.....

L'ÉCONOME, *entrant*. Officier Tom Wilmann, un soldat de votre compagnie apporte cette lettre qui vient d'arriver pour vous à la caserne du palais.

TOM, *montant la scène vers lui*. Oh! cette lettre m'inquiétait vivement.

L'ÉCONOME. C'est ce que supposait le soldat qui vient de me la remettre.

TOM. Oh! merci à vous... merci à lui... (*L'Économe se retire. Tom, donnant la lettre à Marie.*) Voyez, Marie !

MARIE, *prenant la lettre*. Avec joie. Je le savais bien, c'est l'écriture de Jeanne.....

GEORGES. De Jeanne! mais voyez donc ce qu'elle dit...

MARIE, *lisant, après avoir vivement ouvert la lettre*. « Ami de Georges, Berthol n'a » pas fait de moi son épouse, mais... (*elle » s'arrête... continuant*) mais sa victime; » je souffre, sans secours, l'opprobre et la » misère..... »

TOM. Infamie!

GEORGES. L'opprobre et la misère...

MARIE, *continuant la lecture.* « A chaque
» heure, ma vie est en danger... J'ai pu vous
» écrire ces mots... Dieu les conduise près de
» vous et vous amène à mon secours ; je vis
» cachée dans la seule petite maison isolée de
» la forêt des Ormes... »

TOM, *vivement.* Cette maison, je la connais... c'est une misérable masure qui appartient à Jean le journalier.

GEORGES. Il faut y courir.

MARIE, *les arrêtant.* Attendez! la lettre
n'est pas finie.

TOM. Que dit-elle encore?

MARIE, *lisant.* « Ne venez qu'à la fin du
» jour ; c'est seulement alors que, seule, je
» dois et je désire vous voir... JEANNE! »
Pauvre Jeanne!

GEORGES. Oh! nous ne pouvons attendre!

TOM. Puisqu'elle nous le commande, Georges, nous attendrons le soir pour frapper à
sa demeure; mais il faut que nous courions
sur l'heure à la forêt, que nous allions chez
Jean le journalier...

GEORGES. Oui, Tom, il faut que nous appre-
nions, en questionnant, ce que Jeanne nous
cacherait peut-être, si nous la trouvions en
présence de Berthol... O l'infâme!... il lui
a donc menti... il nous a donc menti à tous
deux!... et Jeanne, sans défenseurs, est la victime d'un traître qui la menace, l'insulte et
la torture.

TOM. Mais Dieu permet que nous puissions
la défendre, Georges!

GEORGES. Oui, Tom, oui... demain, Marie,
vous saurez comment nous aurons protégé
Jeanne.

MARIE. Oh! demain, sans retard.

GEORGES. Nous le jurons... à demain...
Viens, Tom, à son aide, à son aide...

Ils sortent en courant par le fond.

SCÈNE IV.

MARIE, *seule.*

Pauvre jeune homme! Et Jeanne est devenue l'épouse d'un autre qu'elle hait..... Il y
a, dans tout ceci, un terrible malheur dont
je ne puis deviner la cause. Mais, mon Dieu!
tu viendras à leur secours, toi qui as toujours
un regard pour la créature qui souffre; ta
bonté vient de mettre un terme à ma torture,
et je veux maintenant m'agenouiller pour te
prier, mon Dieu, de diriger sur Jeanne ta
grâce et tes bienfaits.

Elle s'agenouille près d'un prie-Dieu au premier plan à
droite. Berthol paraît au fond.

SCÈNE V.

BERTHOL, MARIE.

BERTHOL, *s'arrêtant au fond, à part.* On
entre ici comme à la place d'armes... Je n'ai
rencontré personne pour me faire annoncer
à Marie..... (*L'apercevant agenouillée.*) La
voici..... tant mieux..... nous serons seuls.
(*A Marie, après s'être approché d'elle.*) Si
c'est un ami que vous demandez à Dieu, il
exauce sans doute votre prière en m'envoyan
près de vous.

MARIE, *se levant sans le regarder.* Maître
René!

BERTHOL. Maître René, qui vous a laissé
deux jours sans consolateur, sans guide; mais
il est près de vous.

MARIE, *à part.* Il me croit encore aveugle.

BERTHOL. Asseyez-vous!...

Elle s'assied. Il va prendre un autre siége de l'autre côté
du théâtre, à gauche.

MARIE, *à part.* Je suis curieuse de savoir
s'il a l'air charitable; oh! oui, sans doute...
(*Elle le regarde.*) Grand Dieu! (*A part.*)
Mon assassin!... oh! laissons-lui son erreur.

BERTHOL, *s'asseyant auprès d'elle.* Voyons,
Marie, si les traces de ce chagrin sombre et
bien légitime autrefois achèvent de s'effacer!
(*Il la considère.*) Non, votre front est plus
pâle que de coutume..... (*Lui prenant la
main.*) Votre main plus tremblante.

MARIE. Oui, je souffre davantage.

BERTHOL. Quelle nouvelle terreur vient
donc vous accabler?

MARIE. Hélas! j'espérais que le soleil se
lèverait bientôt pour moi, j'entrevoyais
comme une lueur passagère qui m'apportait
l'espérance.

BERTHOL. Et maintenant?

MARIE. Autour de moi tout est redevenu
sombre et ténébreux.

BERTHOL. Sans doute, Marie, cette priva
tion de la vue est un grand malheur, mais heureusement la Providence a bien voulu que je
vous rencontrasse sur mon chemin. Ecou-
tez-moi, Marie, et vous saurez quel peut être
et quel sera mon dévouement pour vous. A
cinquante ans, moi, j'ai traversé tous les
dangers humains sans en devenir victime.
Marin, Dieu m'a sauvé dans les tempêtes;
soldat, il m'a préservé dans les batailles;
perdu dans les déserts, il m'a montré le
chemin du salut. Aujourd'hui que les fatigues m'ont vieilli peut-être encore plus que
les années, et que je suis assez riche, je re-
nonce aux combats, aux voyages, et pour
être agréable au Seigneur, qui ne m'a jamais
abandonné, je cherchais une infortune à secourir, quand je vous ai vue, pauvre fille ou-

bliée des heureux. Le voyageur dont la course est achevée trouve, quand il se repose enfin, tous les siens absents de sa maison solitaire, et je suis heureux de pouvoir vous dire : Venez donc, vous que l'avenir effraye, venez être ma fille, ma sœur, ou ma compagne. Si plus tard, Marie, pour que votre réputation soit à l'abri comme vous-même, vous voulez qu'un prêtre nous unisse... mais en cela vous serez seule juge, et je dois être pour vous plutôt le père que l'époux attentif. La vie que je vous offre est, vous le voyez, pure, honorable et facile, et maintenant, dites-moi, Marie, voulez-vous chasser vos sombres inquiétudes, et venir les oublier au foyer qui vous attend, en un mot voulez-vous être fille d'adoption du pèlerin fatigué qui s'arrête, et l'aider à servir le Seigneur ?

MARIE. Tout ce que vous me dites m'étonne, et je n'ose y croire.

BERTHOL. Mais pourtant, si vous sentiez les douces atteintes d'un bonheur sans nuage, si vous sentiez le calme heureux occuper seul votre âme.

MARIE. Si je sentais un jour seulement le bonheur calme et complet, je me croirais bénie.

BERTHOL, *se levant.* Vous le serez ; laissez-moi faire, et le bonheur viendra vous trouver.

MARIE. Je l'attendrai !

BERTHOL. Pas longtemps, mon enfant; je sais, moi, qu'un bienfait, qu'un bonheur attendus, diminuent selon le retard. Je vais partir, Marie, peu chagrin des maux qui vous affligent, car je suis fier d'avoir à vous les faire oublier.

MARIE. Quand reviendrez-vous?

BERTHOL. Dans deux jours au plus tard ; et alors, j'aurai préparé dans ma demeure une place à ma compagne.

MARIE, *à part.* Dans deux jours! (*Berthol lui prend la main, tremblante.*) Que voulez-vous?

BERTHOL. Vous baiser la main.

MARIE, *cherchant à retirer sa main.* Pourquoi?

BERTHOL. Parce que toujours, au départ, un frère embrasse sa sœur, un père embrasse sa fille. (*Il lui baise la main. A part, en s'éloignant d'elle.*) Maintenant, que ferai-je de Jeanne?... (*Haut.*) Adieu, Marie; patience, espoir et courage.

MARIE. Je ne manquerai pas de courage.

BERTHOL, *à part, en sortant.* Ni moi non plus. (*Il sort.*) Adieu, Marie, adieu.

SCÈNE VI.

MARIE, L'ÉCONOME.

MARIE, *après avoir tourné lentement la tête pour s'assurer qu'elle est seule.* Il est parti! quoi! cet infâme qui m'a volé, qui a voulu me tuer, est celui qui me couvre aujourd'hui de sa commisération, et m'offre son asile! C'est-à-dire qu'il veut m'entraîner avec lui pour me faire mourir dans l'ombre... car il m'a volé avec mon aumônière le secret puissant que m'avait donné l'infortuné vieillard que j'ai vu tomber à mes côtés; il en a profité sans doute, et veut m'empêcher de pouvoir à jamais lui en contester la possession. Oh! mais Dieu m'a rendu la lumière. Je saurai bien maintenant me défendre.... Mais comment apprendre quel secret a été révélé au prince? si je questionnais... Mais qui vient?...(*L'Econome entre par la droite. Allant à lui.*) Ah! c'est vous!

L'ÉCONOME. Vous êtes seule, Marie, l'officier Tom est déjà parti?

MARIE. Oui... et sans doute pour le service du prince Guillaume, qui maintenant nous gouverne, n'est-ce pas?

L'ÉCONOME. Oui, Marie; son exil et nos maux sont finis.

MARIE. Dites-moi, depuis l'avénement du prince, ne lui a-t-on pas publiquement révélé un grand secret?

L'ÉCONOME. Oui, mon enfant... l'existence d'une fille qu'il croyait avoir été massacrée pendant les guerres.

MARIE. Et comment le prince apprit-il le secret de l'existence de cette fille?

L'ÉCONOME. Par une lettre que lui remit un passant.

MARIE. Une lettre... et le prince a-t-il récompensé celui qui la lui a remise?

L'ÉCONOME. Celui-là qui ne s'est pas encore nommé attend pour le faire que le prince ait enfin trouvé cette fille.

MARIE. Le prince la cherche donc encore?...

L'ÉCONOME. Oui, car l'on vient d'ordonner une messe à la chapelle de l'hospice, pour que Dieu l'aide à la découvrir, et vous devez, Marie, unir vos vœux aux nôtres.... car, comme vous, la pauvre fille fut autrefois déposée dans l'asile des orphelines d'Anvers.

MARIE. Peut-être alors a-t-elle été ma compagne... Quels étaient ses noms?

L'ÉCONOME. La lettre prudente ne la nomme pas.

MARIE. Ainsi l'on ne sait pas ses noms?

L'ÉCONOME. Elle dit seulement que cette fille pourra se reconnaître, car ses noms sont brodés dans une aumônière noire.

MARIE, *à part.* Une aumônière !

L'ÉCONOME. Qu'elle a dû conserver comme une relique. Et Dieu fasse que la pauvre fille comprenne la sagesse de cette demi-révélation, et n'aille pas, folle de joie, se perdre en se reconnaissant !

MARIE. Et comment le pourrait-elle?

L'ÉCONOME. En se confiant involontairement, dans son délire, aux espions de l'Espagne, aux ennemis de son père, qui la cherchent aussi...

MARIE, *avec force.* Oh! oui, il faut prier pour cette fille égarée.

L'ÉCONOME. Je viendrai vous prendre pour vous conduire à la chapelle.

MARIE, *le conduisant, avec animation.* Et nous prierons saintement pour que Dieu la protége.

L'Économe sort à gauche.

SCÈNE VII.

MARIE, *puis* L'ÉCONOME.

MARIE, *seule.* Oh! ma tête, deviens calme, et souviens-toi bien! Une aumônière dans laquelle sont brodés deux noms doit désigner la fille que cherche le prince, et cette fille était orpheline d'Anvers.... mais cette fille... c'est moi... ou Jeanne... Jeanne ou moi, l'une de nous deux, mais laquelle... et cet homme terrible, qui m'a volé la lettre révélatrice, m'a pris aussi cette aumônière qui me désigne à lui pour la fille qu'on cherche. Ah! je devine maintenant son projet infernal; mais le ciel ne veut pas qu'il s'accomplisse, car il vient de m'instruire...Et Jeanne, ma pauvre Jeanne, qui ne sait rien de tout cela! Jeanne, qu'un époux torture! Si je courais tout dire au prince! Tom est officier de ses gardes... il pourrait me conduire auprès de lui.. mais Tom est absent... Si je racontais tout à ceux qui m'ont secourue.... et si j'allais commettre une imprudence... A qui demander conseil?... que faire? Et d'ailleurs je ne puis rien tenter, rien résoudre, sans avoir consulté Jeanne... Je sais où la trouver maintenant, elle et ses deux défenseurs... Je ne puis attendre, et quand Tom et son ami viendront au soir chez elle, si Jeanne, instruite de tout, le veut bien, nous pourrons tout leur dire, en nous confiant sans peur à leur sainte loyauté. Par eux, nous pourrons, Jeanne et moi, nous approcher du prince, lui dire nos doutes... nos espérances, et lui désigner le voleur et l'assassin... (*Apercevant l'Économe qui entre.*) Qui vient là?

L'ÉCONOME. Venez, Marie; le prêtre est à l'autel.

MARIE. Je ne vais pas prier, je vais sortir.

L'ÉCONOME. Sortir! seule!

MARIE. Seule!

L'ÉCONOME. Ce serait une imprudence!

MARIE. Non, non.

L'ÉCONOME. Qu'avez-vous donc? comme vous êtes agitée!

MARIE. Ce n'est rien...

L'ÉCONOME. Vous me trompez...

MARIE. Soyez sans crainte... Dieu me conseille.

L'ÉCONOME. Vous êtes insensée...

MARIE. Non, je ne suis pas insensée, car je n'ai pas perdu la mémoire... Dans la forêt des Ormes, une maison isolée, qui appartient à Jean le journalier, c'est bien cela...

L'ÉCONOME. Marie, je suis, moi, responsable de tout ce qui pourrait advenir... et je ne puis vous laisser sortir ainsi.

MARIE. Je vous en supplie, si vous saviez....

L'ÉCONOME. Quoi donc?

MARIE. Oh! je ne puis vous le dire encore, mais laissez-moi sortir, car je mourrais ici, si l'on m'y retenait.

L'ÉCONOME. Mais où voulez-vous donc aller?

MARIE. Où je veux aller?... Tandis qu'on priera dans la chapelle pour que le prince retrouve sa fille, moi je vais aller mettre deux orphelines sur le chemin du prince, afin qu'il trouve entre elles la fille que Dieu lui garde. Adieu!

Elle s'échappe par le fond.

L'ÉCONOME, *avec stupeur.* La fille du prince Guillaume!

Deuxième Tableau.

Une petite masure toute délabrée, et qui n'occupe que les deux tiers du théâtre; porte au fond; porte latérale au premier plan à droite, donnant sur la route; près de cette porte un siége. A gauche, en face de cette porte, une grande cheminée sur la pelle est accrochée une arquebuse et devant laquelle sont une table et un siége. Quelques gobelets et pots d'étain. L'autre tiers de la scène est occupé par une route qui, à partir du troisième plan, descend dans un ravin, et qui a une issue au premier plan à droite. Au fond, les arbres d'une forêt. La maison doit être misérable. La porte du fond s'ouvre sur des taillis, celle latérale sur la route.

SCÈNE PREMIÈRE.

JEAN, *seul dans la maison; puis* L'ÉTRANGER.

JEAN. On ne vient pas... (*Il va ouvrir la porte à droite qui donne sur le chemin, et regarde au dehors. Entrant.*) Maître Berthol est sans doute à Amsterdam; mais dame Berthol ne peut être loin... elle n'avait pas même fermé les portes... Il est vrai qu'ils ont peu de choses à perdre ici... excepté cette arquebuse, ces gobelets... ces pots d'étain, et cette petite boîte qui contient les travaux de la femme, tout le reste est à moi, ils en usent et ne me payent pas... (*Regardant autour de lui.*) Quelle misère !...

L'ÉTRANGER, *au fond, à la porte entr'ouverte.* Pardon, camarade; pouvez-vous m'enseigner dans les environs une petite maison isolée qu'habite depuis peu de temps encore un nommé Réné Berthol?

JEAN. Vous êtes chez lui!

L'ÉTRANGER, *entrant, et examinant la chambre.* C'est impossible!

JEAN. Est-ce que vous lui apportez de l'argent?

L'ÉTRANGER. Pourquoi?

JEAN. Parce que c'est moi qui lui ai loué cette petite habitation, qui m'appartient... et depuis quinze jours déjà je n'en ai pas encore pu tirer un denier.

L'ÉTRANGER. Il est donc bien pauvre!

JEAN, *désignant l'intérieur.* Voyez et jugez!

L'ÉTRANGER. Oui... il n'y a pas de luxe... (*A Jean.*) Il est marié depuis peu de temps, n'est-ce pas?

JEAN. Avec une pauvre jeune femme qui se désole pendant qu'il gronde.

L'ÉTRANGER. N'était-elle pas orpheline d'Anvers?

JEAN. Oui, car elle en porte encore les habits.

L'ÉTRANGER. Et quel est son nom de jeune fille?

JEAN. Je l'ai toujours appelée dame Berthol; mais je crois... je me souviens l'avoir entendu nommer Jeanne.

L'ÉTRANGER, *à part.* C'est bien cela... (*Haut.*) Savez-vous où est allée dame Berthol?

JEAN. Elle ne peut être allée qu'au village voisin.

L'ÉTRANGER, *à part.* Si je pouvais seulement l'entrevoir. (*Haut.*) Pouvez-vous m'enseigner la route du village?

JEAN, *ouvrant la porte à droite, et désignant la route.* Facilement. Tenez!.... la voici : sitôt que vous aurez traversé la forêt, vous entrerez dans le village.

L'ÉTRANGER. C'est bien.... et sois tranquille, tes locataires te payeront plus tard, je te l'affirme!

JEAN. Si vous me le dites, je le croirai... j'ai confiance en vous.

L'ÉTRANGER. Tu ne me connais pas?

JEAN. Je vous ai déjà vu, il y a trois mois, non loin d'ici, à l'auberge des Trois Routes.

L'ÉTRANGER. Est-ce que tu étais un de de ceux que j'ai conduits au feu?

JEAN. Oui, mon capitaine.

L'ÉTRANGER. Et t'en es-tu repenti?

JEAN. Vive Guillaume!

L'ÉTRANGER, *lui frappant sur l'épaule.* A la bonne heure!

JEAN. Et que Dieu lui fasse trouver sa fille qu'il cherche.

L'ÉTRANGER. Il la trouvera.

JEAN. Elle serait trouvée déjà si celui qui a écrit au prince avait dit les noms de cette fille...

L'ÉTRANGER. Oui; mais peut-être celui-là a-t-il voulu éviter qu'elle se reconnût d'abord elle même. Car son nom divulgué loin de l'abri paternel permettrait peut-être aux ennemis du prince de la chercher aussi pour s'en emparer et s'en faire un otage.

JEAN. C'est juste! Ah! l'on n'est pas princesse à bon marché.

L'ÉTRANGER. Quelquefois la puissance coûte fort cher... (*Désignant la route*) C'est là mon chemin, n'est-ce pas?

JEAN. Toujours tout droit.

L'ÉTRANGER. Merci!...

Il traverse la route et sort au premier plan.

SCÈNE II.

JEAN, *puis* JEANNE, *puis* L'ÉTRANGER.

JEAN, *rentrant dans la maison.* Oui, c'est bien là mon ancien capitaine... Mais qu'est-ce que c'est que mon ancien capitaine? Il ne porte pas l'habit militaire. Ce qu'il y a de sûr, c'est qu'il est brave... Voyons un peu... Il m'a assuré que je serais payé plus tard... Je n'ai plus rien à faire ici, je vais m'en aller.

Pendant qu'il ramasse un outil, Jeanne parait sur le chemin, et derrière elle l'étranger.

L'ÉTRANGER, *la voyant entrer dans la maison.* Oui, c'est bien elle...

JEAN, *voyant Jeanne.* Salut, dame Berthol!

JEANNE. Vous êtes ici, Jean?

L'ÉTRANGER, *sur le chemin.* Maintenant, allons nous approcher du prince...

Il reprend la route et sort.

JEANNE, *à Jean.* Vous venez pour avoir de l'argent?

JEAN. Non, dame Berthol; je puis attendre encore; je venais... Vous savez que de la route on entend tout ce qui se dit ici, et comme il y a quelques jours, à la nuit, j'avais entendu que votre mari grondait bien fort ..

JEANNE. Oui, maître Berthol était en colère...

JEAN. Je venais pour voir si ça ne vous avait pas rendue malade...

JEANNE. Non.

JEAN. Cependant vous êtes bien pâle.

JEANNE. C'est la fatigue seulement.

JEAN. Je vas vous laisser reposer, dame Berthol... bon courage.

JEANNE. Merci, Jean!

JEAN, *à part.* Pauvre femme!...

Il sort et descend la route·

SCÈNE III.

JEANNE, *puis* BERTHOL.

JEANNE, *seule. Elle ôte son manteau et s'assied.* O mon Dieu! quelle tristesse s'empare de moi quand je me retrouve dans cette misérable demeure!... Il me semble que c'est une prison dans laquelle maître Berthol vient quelquefois m'épouvanter, en attendant qu'il m'y lise un jour ma sentence...

BERTHOL, *qui est entré par le fond.* Jeanne, vous ne m'avez donc pas vu?... Tenez, débarrassez-moi... (*Il lui jette son manteau, Jeanne fait un mouvement, va le poser sur un siége au fond.*) Daniel n'est pas encore venu?

JEANNE. Pas encore!

BERTHOL, *s'asseyant à gauche, et à part.* Il tarde bien!

JEANNE, *après un silence.* Avez-vous été heureux dans vos nouvelles démarches?

BERTHOL. Non!

JEANNE. Cet homme qui vous a ravi votre fortune, vous n'avez pu l'atteindre?

BERTHOL. Pas encore!

JEANNE. Hier, ne vous voyant pas revenir, j'étais tentée d'aller vous joindre à Amsterdam.

BERTHOL. Et pourquoi?

JEANNE. Pour vous aider dans vos démarches.

BERTHOL. Vous ne pourriez rien; les affaires de Berthol sont à lui seul.

JEANNE. Le mariage ne m'a-t-il pas fait dame Berthol?

BERTHOL. Oui; votre frère épouvanté vint un jour, me confiant vos coupables amours, me prier de vous garantir, sinon du crime, au moins du danger... Je l'ai fait par humanité seulement, car vous le savez, je n'ai jamais réclamé les droits de l'époux.... Je vous ai donné mon nom en vous promettant protection, et vous m'avez juré obéissance; que quelqu'un vous outrage, je saurai vous défendre; donc je vous protége... obéissez, et que tout soit dit.

JEANNE, *à part.* Georges!... tu n'avais pas prévu...

BERTHOL. Et dites-moi, qu'avez-vous fait depuis ces deux jours?

JEANNE. Hier j'ai attendu... cette nuit j'ai veillé, et ce matin je suis allée jusqu'à l'angle qui joint les deux routes.

BERTHOL. Vous êtes sortie..... je vous l'avais défendu... (*Se levant.*) Qui avez-vous rencontré?

JEANNE. Les passants sur le chemin.

BERTHOL, *allant à elle.* Mais on vous a parlé; qu'avez-vous appris?... que vous a-t-on dit?

JEANNE. Personne ne m'a parlé.

BERTHOL. Vous mentez!

JEANNE, *avec fierté.* Je n'ai jamais menti.

BERTHOL. Et qu'alliez-vous faire dehors?

JEANNE. J'espérais vous rencontrer, et vous dire qu'aujourd'hui, jour des Morts, je voulais aller à l'église du village y prier pour Marie.

BERTHOL. Et vous y êtes allée?

JEANNE. Pas encore!

BERTHOL. Les morts n'ont pas besoin de prières.

JEANNE. C'est vrai, car ils sont les heureux!

BERTHOL. Vous enviez leur bonheur!

JEANNE. A chaque instant du jour.

BERTHOL. Alors pourquoi vivez-vous?

JEANNE. Parce que le suicide serait un crime... Mais pourquoi souhaitez-vous que je me tue? ne pouvons-nous courir à Amsterdam, interroger, consulter, et annuler un mariage qui vous rendrait libre?

BERTHOL. Je ne désire pas annuler mon mariage... publiquement surtout.

JEANNE. Eh bien, laissez-moi partir... Je vais fuir à l'instant, quitter les Flandres... vous laisser seul, et vous me direz morte au monde.

BERTHOL. Ne le tentez pas... je vous suivrais...

JEANNE. Mais pourquoi donc?...

BERTHOL. Parce que... parce que vous portez mon nom; et je ne puis le confier aux hasards d'une vie aventureuse.

JEANNE. Je le garderais pur.

BERTHOL. Et je veux le garder moi-même.

JEANNE. Mais cependant je suis un obstacle à vos projets.

BERTHOL. Je n'ai pas de projets!

JEANNE. Vous en avez!

BERTHOL. Ah!

JEANNE. Je le sais!

BERTHOL. Qui vous l'a dit?

JEANNE. Lorsqu'une nuit vous causiez avec Daniel, je vous ai entendu lui dire comme il partait: Si Jeanne était morte, j'aurais meilleur espoir.

BERTHOL, *à part.* Elle écoutait... (*Haut.*) Vous avez mal entendu... on se trompe... Jeanne, quand au lieu de dormir on espionne la nuit.

JEANNE. Ce n'était ni l'espionnage ni la curiosité qui m'empêchait de dormir.

BERTHOL. Et quoi donc?

JEANNE. La souffrance... Mais je ne veux sonder ni deviner vos projets...; je vous demande ma liberté, voilà tout.

BERTHOL. Vous ne pouvez l'avoir...

JEANNE. Mais qu'espérez-vous?... que voulez-vous?

BERTHOL. Vous avez signé que vous m'apparteniez, et vous ne me quitterez pas !

JEANNE. Vous voulez donc que, mourante de douleur et de faim, je me traîne agonisante à vos pieds... Oh ! vous êtes un homme sombre, qui méditez un crime.

BERTHOL. Vous osez m'outrager.

JEANNE, *fièrement.* Vous osez bien m'assassiner lentement, vous !

BERTHOL. Vous êtes insensée.

JEANNE. L'insensé est celui qui, marchant vers le mal, oublie que Dieu le voit.

BERTHOL. Encore...

JEANNE. Et que le châtiment l'attend muet et caché.

BERTHOL, *s'efforçant.* Je ris de vos insultes.

JEANNE. Mais... vous riez en tremblant.

BERTHOL, *se levant.* Misérable enfant !...

JEANNE. Dites plutôt victime.

BERTHOL. Oh ! ma patience..... ma patience...

JEANNE. Victime qui sera vengée, car les hommes ont des lois... dont les coupables ont peur.

BERTHOL, *furieux, levant la main sur elle.* Vous tairez-vous enfin?...

JEANNE, *calme.* Frappez !... qui vous retient?... tuez-moi... mais tuez-moi donc, car je ne puis vivre ainsi humiliée, menacée, maudite et battue... (*Pleurant.*) Et vous m'avez meurtrie dans vos injustes colères... (*Tombant assise avec déchirement.*) Et que vous ai-je fait, moi, mon Dieu?...

BERTHOL, *à part.* Et Daniel qui ne vient pas !

JEANNE. Mais peut-être qu'enfin je perdrai la raison et je me tuerai sans crime... Dieu pardonne à sa créature quand elle devient folle.

DANIEL, *paraissant au fond.* Me voici !

BERTHOL. Enfin !.....

DANIEL. Tu devais t'impatienter.

BERTHOL, *après un signe d'intelligence avec Daniel.* Oui, tu viens bien tard... et si tu étais arrivé plus tôt, tu aurais été témoin du désespoir insensé de madame !

DANIEL, *s'approchant de Jeanne.* Encore des larmes !

BERTHOL, *allant s'asseoir près de la table.* Oui, on prend les préoccupations que me cause notre position si misérable aujourd'hui pour une méditation criminelle.

JEANNE. Aucun tourment secret ne peut vous conseiller de me défendre la prière pour ma compagne perdue.

DANIEL. Eh bien ! voyons... laisse-la aller, Berthol... Toujours des pleurs... des cha-

grins... ne la retiens pas, mon Dieu... peutêtre que la sainte chapelle rendra le calme à son âme...

BERTHOL. Eh bien ! qu'elle y aille.

DANIEL, *à Jeanne.* Il consent...

JEANE, *à Daniel.* Merci... (*A Berthol.*) Vous faites une bonne action, monsieur.....
Elle se lève et prend son manteau.

BERTHOL. Allez donc, madame, et croyezmoi, les vivants ont plus besoin de prières que les morts.

JEANNE. Je prierai pour tous !
Elle sort par la droite et descend la route.

SCÈNE IV.

BERTHOL, DANIEL.

BERTHOL. Ferme la porte... (*Daniel la ferme.*) J'ai de grandes nouvelles... Et toi, qu'as-tu fait... as-tu de l'or?... Il m'en faut, Daniel...

DANIEL. Comme je te l'avais promis, je viens de vendre mon fonds de marchand d'armes, ma boutique et mon enseigne.

BERTHOL. Pour quelle somme ?

DANIEL. Trente ducats !... (*Lui donnant une bourse.*) Tiens !

BERTHOL, *pesant la bourse.* C'est pour moi... tu as gardé ta part ?

DANIEL. Oui, oui !

BERTHOL. Que diable en as-tu donc fait ?

DANIEL. Je l'ai là dans mon sac. Pourquoi ?

BERTHOL. Pour rien... Enfin tu as ta part. (*Daniel, inquiet, change sa besace de côté.*) Demain, Daniel, il me faut, dans un quartier retiré d'Amsterdam, une petite maison d'une modeste apparence, et toi pour valet à mes ordres.

DANIEL. Valet !

BERTHOL. Oui, demain, je vais chercher Marie et la conduis chez moi.

DANIEL. Elle a donc consenti ?

BERTHOL. Et en continuant le rôle que j'ai joué près d'elle, avant huit jours j'en saurai faire ma légitime épouse.

DANIEL. Et Jeanne ?

BERTHOL. Qu'en penses-tu, Daniel?

DANIEL. Ne pourras-tu l'éloigner, la perdre dans le monde ?

BERTHOL. Je le voulais d'abord... Mais j'ai sagement pensé que Jeanne et Marie se chercheront sans cesse, et que, pour que je puisse épouser Marie sans terreur, il faudrait...

DANIEL. Que Jeanne n'eût jamais vécu... ou que...

BERTHOL. Ou qu'elle cessât de vivre... Mais elle a de la religion.

DANIEL. Tu peux attendre quelques jours encore.

BERTHOL. Attendre quelques jours, pendant lesquels un hasard peut instruire Jeanne ou Marie ; attendre un jour, quand Marie trompée aujourd'hui peut apprendre demain mon crime et sa naissance... Non, l'heure est venue, Daniel... Après trois mois de luttes, de déceptions... et presque d'agonie, je n'ai qu'un jour pour choisir entre la fortune éclatante ou la pâle misère...

Il reste pensif.

DANIEL. Et que feras-tu ?

BERTHOL. Et que ferais-tu, toi, Daniel ?

DANIEL. Moi... j'ai si peu d'imagination... Mais toi, Berthol...

BERTHOL. Moi... j'ai bien envie que nous acceptions la misère.

DANIEL. Quand tu as tant fait pour arriver à la fortune !

BERTHOL. Oh ! oui, j'ai fait bien des efforts... et je viens de marcher deux jours pour me procurer ceci... (*il lui montre une fiole*) dont j'ai vu les effets certains, quand autrefois je servais d'Albe l'empoisonneur.

DANIEL. Du poison !...

Un silence.

SCÈNE V.

LES MÊMES, MARIE, *paraissant sur la route.*

MARIE. Enfin, voici la maison ; comme le cœur me bat !...

Elle va vers la maison.

DANIEL. Ce poison, Berthol, nous porterait malheur...

BERTHOL. Mieux vaut la pauvreté, n'est-ce pas ?

Daniel ne répond pas.

MARIE, *près de la porte.* On parle dans la maison ; si je pouvais entendre la voix de Jeanne !

Elle écoute.

DANIEL, *d'un ton mécontent.* La pauvreté !

BERTHOL. Et dire, Daniel, qu'il nous suffirait de sortir en laissant sur cette table du pain, un verre de bière empoisonné, pour que Jeanne se donnât la mort elle-même à son retour... et que tout notre avenir se dessinât devant nous opulent et radieux !

MARIE, *à part.* Que disent-ils ?... Oh ! j'ai mal entendu sans doute...

Elle écoute avec terreur.

DANIEL. Le crime, Berthol, est toujours suivi d'un remords.... Et le poison peut trahir...

BERTHOL. Oh ! les effets de celui-ci sont rapides et sûrs.

MARIE, *résolue.* Entrons !...

Elle frappe.

BERTHOL. Qui peut venir... regarde !

DANIEL, *à Berthol, à demi-voix, après avoir regardé par les fentes de la porte.* C'est Jeanne !

BERTHOL. Elle revient déjà ?

MARIE, *en dehors.* On n'ouvre pas !

BERTHOL. Ouvre... qu'elle ne soupçonne rien... (*A part, en se levant.*) Pourquoi sitôt de retour...

DANIEL, *qui a ouvert.* Déjà revenue, Jeanne ?

Il lui donne la main.

MARIE, *entrant, conduite par Daniel.* Ce n'est pas Jeanne !.., c'est Marie, sa compagne.

DANIEL, *épouvanté.* Vois donc, Berthol !

BERTHOL, *qui s'est approché.* L'aveugle !

MARIE. Encore lui !...

Elle reste atterrée. Moment de silence.

BERTHOL, *à part.* Est-ce moi qu'elle vient trouver ?

MARIE, *à part.* Si je ne sais mentir... je suis morte !

BERTHOL. Entrez, jeune fille, et venez vous asseoir.

MARIE. Il faudrait me guider, Dieu m'a repris la vue.

BERTHOL, *avec intérêt.* Pauvre enfant ! appuyez-vous sur mon bras.

MARIE. Où êtes-vous ?

BERTHOL. Ici ! (*A part, la faisant asseoir sur le siége à droite.*) Reconnaîtra-t-elle ma voix ? (*Haut.*) Et comment avez-vous pu venir seule jusqu'ici ?

Daniel, inquiet, est passé de l'autre côté de Marie, qui
est assise entre eux deux.

MARIE, *assise.* J'ai quitté mon guide à la porte de la maison.

BERTHOL, *inquiet.* Qui donc vous guidait ?

MARIE. Un... paysan... qui se nomme Jean, et qui m'a dit être propriétaire de cette maison, que Jeanne habite.

BERTHOL. Vous connaissez donc cet homme ?

MARIE. Non... hier... il est venu par hasard à l'hospice Saint-Bruno... ma ressemblance avec Jeanne l'a conduit à me parler d'elle, je l'ai supplié de m'accompagner aussitôt, et je venais de le remercier quand je frappais à cette porte.

BERTHOL, *à part.* Fâcheuse rencontre ! (*Haut.*) Vous avez fait, mon enfant, un chemin malheureusement inutile aujourd'hui ; jusqu'à demain, Jeanne est éloignée d'ici... Mais si vous vouliez vous hâter de retourner à Amsterdam, on peut sans doute rappeler ce guide, vous pourriez encore y joindre Jeanne avant la nuit.

MARIE, *à part.* Il veut m'éloigner.... (*Haut.*) Je ne pourrais entreprendre le chemin, il faut que je sois bientôt rentrée à l'hospice Saint-Bruno.

BERTHOL. Et nous pouvons, mon enfant, vous y reconduire à présent.

MARIE. Un peu de repos d'abord, je suis fatiguée de la route.

BERTHOL, *lui prenant la main.* Vous vous appuierez sur nous... et nous vous soutiendrons... Venez.

MARIE. C'est étrange... plus je vous écoute, et plus je suis étonnée.

BERTHOL, *lui quittant la main.* Pourquoi ?

MARIE. Parce que votre voix ressemble à celle d'un homme...

BERTHOL. Que vous connaissez ?

MARIE. Oui !

BERTHOL. Bien des voix sont pareilles dans le monde, et la mienne vous apporte-t-elle le fâcheux souvenir d'un ennemi ?

MARIE. Non, d'un ami... d'un homme généreux qui seul, sans famille, consent à m'adopter et à donner à l'aveugle sa maison pour asile, pour refuge.

BERTHOL, *souriant.* Ce n'est pas moi, l'homme sans famille, je suis marié à Jeanne. (*Jeu muet entre Berthol et Daniel.*) Et votre entrée chez cet homme généreux doit-elle bientôt s'accomplir ?

MARIE. Mais demain... je pense.

BERTHOL, *fait un signe à Daniel, qui vient à sa droite. Bas à Daniel.* Vite, la bière et le pain.

Il lui donne le flacon de poison. Daniel va prendre le pain, le verre et le pot de bière et pose le tout sur la table. Il va pour verser le poison dans un verre qu'il vient de remplir, et comme il hésite, Berthol lui arrache le flacon et verse le poison.

MARIE, *qui les a examinés, à part.* Du poison !...

BERTHOL, *jetant la fiole vide dans l'âtre, à Marie.* Demain, jeune fille, je vous conduirai Jeanne, demain vous la verrez; partons maintenant... Cette certitude vous donnera du courage... Viens avec nous, Daniel.

MARIE, *à part.* Je ne sortirai pas.

BERTHOL. Venez, la nuit s'approche déjà.

MARIE. Qu'importe la nuit pour celle qui ne voit pas le jour?

BERTHOL, *insistant.* Plus tard, mon enfant, nous ne pourrions vous conduire... Donnez-moi votre main?... (*Il lui prend la main.*) Mais qu'avez-vous ?... comme vous tremblez !

MARIE. Non !

BERTHOL. Vous êtes bien pâle ?

MARIE, *faisant un effort pour se lever.* Ce n'est qu'une souffrance passagère.

BERTHOL, *la retenant.* Restez assise.... (*Il l'observe, s'éloignant d'elle.*) Daniel !... (*Daniel s'approche, à demi-voix.*) Si cette femme nous trompait... si elle voyait...

DANIEL. Elle aurait tout découvert...

BERTHOL. Et demain...

DANIEL. Nous serions perdus.

MARIE, *à part, avec épouvante.* Est-ce qu'ils soupçonneraient ?...

BERTHOL, *réfléchissant.* Comment savoir?

MARIE, *à part.* Donne-moi, mon Dieu, la force de les convaincre !

BERTHOL, *à Daniel.* Mon arquebuse !

DANIEL. Que veux-tu faire ?

BERTHOL. Donne-moi mon arquebuse ?

DANIEL. Mais enfin, que veux-tu faire ?

BERTHOL. La tuer !... si elle a pu nous voir...

Il prend sans bruit son arquebuse des mains de Daniel, et commence à la charger lentement.

MARIE, *à part.* Une arme !...

BERTHOL, *à Marie, en armant son arquebuse.* Si votre souffrance passagère se prolonge, mon enfant...

MARIE, *à part.* Voudrait-il m'éprouver?

BERTHOL. Vous pourriez alors vous épargner la route.

MARIE. Et comment?

BERTHOL. En passant la nuit ici... chez Jeanne, où vous serez sous la sauve-garde de son époux, et...

Il s'interrompt et la couche rapidement en joue.

MARIE, *sans tressaillir.* Et... vous disiez? (*Berthol baisse sa carabine et l'examine.*) Vous ne me répondez pas? (*Berthol, méfiant, la couche en joue de nouveau; elle se lève, marche droit sur l'arquebuse, que Berthol baisse pour ne pas la heurter.*) Où êtes-vous donc ?

DANIEL, *bas, à Berthol.* Elle n'y voit pas.

BERTHOL, *lui donnant son arquebuse.* Je suis rassuré.

MARIE, *à part.* Soutiens-moi, mon Dieu ! (*Affectant l'inquiétude.*) Vous causez bas... où êtes-vous?... j'ai peur...

BERTHOL. Nous disions, mon enfant, qu'en vous engageant à rester ici la nuit pour éviter la fatigue... nous avions oublié que les voituriers du village passent devant l'hospice Saint-Bruno, et que nous pouvons vous conduire jusqu'au village.

MARIE. Volontiers!.... (*A part.*) Et la mort qui reste là pour Jeanne.

BERTHOL, *bas, à Daniel.* Vienne Jeanne pendant notre absence, et tout sera dit. (*A Marie.*) Prenez mon bras !

Ils montent la scène pour sortir par le fond.

MARIE, *s'arrêtant.* Attendez!

BERTHOL. Que voulez-vous ?

MARIE. Je ne puis m'arracher de cette maison.

BERTHOL, *inquiet.* Et pourquoi ?

MARIE. Parce que... (*A part.*) Mon Dieu, tu m'inspires!... (*Haut.*) Parce que... je voulais dire à Jeanne des choses solennelles qu'elle apprendra plus tard sans doute, et je m'étais vainement flatté de hâter aujourd'hui son bonheur.

BERTHOL., *inquiet, à part*. Que veut-elle dire?

MARIE. Mais demain, vous l'amènerez, n'est-ce pas?

BERTHOL.. Oui!.... Mais qu'avez-vous d'heureux à lui dire?

MARIE. Vous le saurez demain... Venez!

BERTHOL, *la retenant*. Je suis l'époux de Jeanne, je l'aime... et je ne saurais attendre...

MARIE. Je veux bien vous le dire, mais jurez-moi que vous serez discret, et que vous me laisserez la joie d'être la première à l'instruire...

BERTHOL, *la ramenant*. Je le jure! eh bien donc?

MARIE. Jeanne-Marie, votre femme, est fille du prince Guillaume.

DANIEL. Jeanne!

BERTHOL. Vous vous trompez...

MARIE. Tout ce que j'ai entendu dire le prouve irrévocablement.

BERTHOL. Si vous étiez douée de la vue, vous eussiez pu lire par quel signe la fille de Guillaume doit se faire reconnaître.

MARIE. Par une aumônière!

BERTHOL, *craintif*. Je ne sais...

DANIEL, *de même*. Nous ne savons pas...

BERTHOL. Eh bien! enfin cette aumônière?...

MARIE. M'a été volée par celui qui m'a rendue aveugle.

BERTHOL, *cachant son émotion*. Cela ferait tout au plus supposer que vous êtes, vous...

MARIE, *l'interrompant*. Non pas, car l'aumônière appartenait à Jeanne, qui me l'avait confiée pour un jour. En me volant, on a dépouillé Jeanne.

BERTHOL. Jeanne vous l'avait confiée?...

MARIE. L'on se battait... je devais traverser un chemin dangereux, et Jeanne m'a ce jour-là prêté son aumônière bénie, qu'elle portait depuis l'enfance.

DANIEL, *à part*. Il était temps.

BERTHOL, *glorieux*. Quoi, je serais l'époux de sa fille du prince!

DANIEL, *bas, à Berthol*. Et ce poison qui l'attend, Berthol!

BERTHOL, *courant à la table*. Il faut le jeter, Daniel!

Il jette le poison dans le feu.

MARIE, *qui a observé*. Sauvée!

BERTHOL, *à Marie*. Et que vous dois-je, à vous qui m'apportez cette nouvelle?

MARIE. Conduisez-moi jusqu'à l'hospice; tenez votre parole, en gardant jusqu'à demain le silence.

BERTHOL. Demain vous serez la première à saluer la comtesse Jeanne-Marie.

DANIEL. Et bientôt, tous les Flamands diront dans leurs prières : Dieu conserve le prince et la princesse sa fille!

BERTHOL. Elle vivra de longs jours ma Jeanne.

MARIE. Et je ne pourrai la voir.

BERTHOL. Le premier acte de notre justice sera de faire punir celui qui vous a fait tant de mal.

MARIE. Dieu vous entende! Par où sortir?

BERTHOL. Par ici.... Suivez-nous, Daniel.

Ils sortent tous trois par le fond; Jeanne paraît sur la route et gagne tristement la porte de la maison. Elle entre.

SCÈNE VI.

JEANNE, *seule*.

Personne!... je pourrai repartir à l'instant... Oui, je devais revenir une fois encore... mais une dernière... En vain j'ai regardé sur les chemins, la nuit approche.... Tom ne vient pas... et je ne puis plus attendre... Dieu ne m'a pas ordonné d'endurer un si grand supplice, et je dois fuir cet homme que je crois criminel... mais il faut qu'il me croie morte, car il pourrait m'atteindre, se venger. Oui, je puis éviter sa poursuite, et écrire pour tromper celui qui m'a tant de fois défiée de me donner la mort.

Elle s'assied et écrit. Georges et Tom paraissent sur la route.

SCÈNE VII.

JEANNE, TOM, GEORGES.

TOM. Voici la maison de Jeanne.

GEORGES. Je vais entrer seul d'abord..... toi, Tom, ne t'éloigne pas.

TOM. Je serai là sur le chemin.

GEORGES. C'est bien!...

Tom redescend la route. Georges va frapper à la porte.

JEANNE. On frappe!... qui peut venir à cette heure... Berthol entrerait sans frapper. Si c'était Tom! (*Elle court ouvrir; reculant saisie.*) Georges!

GEORGES. Jeanne, ma sœur!

JEANNE. Mon frère!... (*Elle se jette dans ses bras.*) Je suis sauvée, n'est-ce pas?

GEORGES. Oui, sœur, puisque la Providence m'avait empêché de partir... (*La considérant.*) Comme tu es changée!

JEANNE. J'ai tant souffert!

GEORGES, *regardant la chambre*. Et c'est là ta misérable demeure?

JEANNE. La misère n'a pas été le plus grand de mes maux...

GEORGES, *la prenant dans ses bras, en pleurant*. Pauvre Jeanne! pauvre sœur!

JEANNE. Prends garde, Georges!

GEORGES. Qu'as-tu?..... quelle est cette meurtrissure... est-ce qu'il t'aurait frappée? Mais où est-il donc, que je le tue?...

JEANNE. Ne songe pas à me venger, mais à me délivrer, frère.

GEORGES. Tu as raison, sœur... Et tu restais dans ce malheur épouvantable!

JEANNE. Oh! non, j'allais fuir, seule, tremblante.... Tiens.... (*Lui donnant sa lettre.*) Lis ce que j'écrivais.

GEORGES, *après avoir lu.* Tu voulais faire croire à ta mort?...

JEANNE. Oui, car autrement il m'aurait poursuivie.

GEORGES. Pour te tuer.

JEANNE. Non, pour me ramener ici, et m'y faire souffrir encore.

GEORGES. O Jeanne! il y a dans cet homme qui nous a trompés quelque chose d'infernal, et je dois annuler votre union... Mais, pour cela, sœur, il faudra dire nos noms devant la loi, et malheureusement il y a, dans l'histoire de notre père, dont tu ignores le nom, quelque chose qui ne peut se révéler encore. Laisse donc cette lettre ici, que Berthol croie à ta mort, et partons ensemble; je t'emmènerai d'abord dans un pays où cet infâme n'aura plus de droits sur toi, et je reviendrai le trouver, moi.

JEANNE. Et te battre avec lui?

GEORGES. Oui... Oh! mais rassure-toi; celui qui ose frapper une pauvre fille comme toi sera sans doute trop lâche pour accepter le combat... Viens, sœur, viens, je vais te conduire près de Marie.

JEANNE. Marie! elle est vivante?

GEORGES. Oui, je l'ai vue.

JEANNE. Tu l'as vue?

GEORGES. Marie ne te quittera plus désormais.

JEANNE. Marie! tu vois bien, Georges, que peu importe la misérable demeure; la bonté de Dieu sait arriver partout.

GEORGES. Oui, sœur!

SCÈNE VIII.

LES MÊMES, TOM, *accourant.*

TOM. Georges! voici Berthol.

GEORGES. Berthol!

JEANNE. Tu sais, frère, que nous devons l'éviter.

TOM. Oh! alors, si vous voulez le fuir.... cette maison a deux issues, et il vient de ce côté.

JEANNE, *montrant la porte du fond.* Oui, ce chemin peut nous conduire.

Tom passe.

GEORGES. Pauvre fille, qu'on avait ensevelie vivante, je viens de lever la pierre de ta tombe.

JEANNE. Et je te tends la main, frère.

GEORGES, *lui prenant la main.* Viens donc recommencer à vivre.

TOM. Hâtons-nous!

GEORGES. Partons!

Ils sortent tous trois par le fond. Berthol et Daniel paraissent sur la route; la nuit est complète. Daniel précède Berthol avec une lanterne, et lui éclaire les pieds avec respect.

SCÈNE IX.

BERTHOL *et* DANIEL, *sur la route.*

DANIEL. Je ne puis espérer que tout cela s'arrangera.

BERTHOL. Tu trembles toujours, toi..... D'abord, tu le sais, nous serons silencieux... et tu iras le premier causer avec Jeanne.

DANIEL. Oui, c'est convenu.

Ils entrent dans la maison.

BERTHOL, *après avoir examiné.* Elle n'est pas encore revenue; tant mieux, cela nous donne le temps de la réflexion.

DANIEL. Plus je réfléchis, moi, et plus je crois que tu n'obtiendras jamais ton pardon de Jeanne.

BERTHOL. Si je n'ai pas mon pardon, je te l'ai déjà dit, avec ce que je sais de l'histoire de Georges, qu'elle aimait, je pourrai paralyser toute sa colère; mais elle pardonnera.

DANIEL. Mais tu n'es son époux que de nom, et tu l'as menacée presque de la mort...

BERTHOL. Est-ce que tu as oublié, Daniel, nos jours d'amour trompeur, alors que nous savions si bien séduire, trahir et consoler les femmes?

DANIEL. En avons-nous trompé!

BERTHOL. Jeanne est jeune... impressionnable, sans défense... j'ai été, moi, fascinateur... habile, et toujours pardonné.

DANIEL. Oui, quand, à Naples, on t'appelait le beau René.

BERTHOL. Est-ce que je suis bien changé, Daniel?

DANIEL, *l'observant.* Tu as quelques cheveux blancs.

BERTHOL. Nous les cacherons... et d'abord, Daniel, nous allons employer un moyen qui nous a souvent réussi... une lettre de repentir vaut mieux que tous les discours possibles... Assieds-toi là, je vais te dicter... et dépêchons.

DANIEL, *s'asseyant; trouvant la lettre de Jeanne sur la table.* Mais elle est revenue, elle a écrit pendant notre absence... une lettre signée d'elle, à toi... (*Donnant la lettre.*) Vois donc!

Il éclaire avec sa lanterne.

BERTHOL, *prenant la lettre.* Une lettre de reproches, sans doute; tant mieux, elle motive une réponse... Que dit-elle? (*Lisant.*) « Le » désespoir et la misère Qui ont épuisé mes

» forces m'ont appris à douter... Quand vous » lirez cette lettre, je serai morte !... » Morte !

DANIEL. Morte! Pauvre Jeanne!.. pauvre Berthol!... (*Entendant du bruit au dehors.*) Mais quel est ce bruit?... je vais voir, Berthol.

Il sort sur la route.

BERTHOL. Oh! je n'ai plus la force de la lutte... ou le courage de l'espérance... (*Déchirant la lettre.*) Anéantissons cette lettre accusatrice.

DANIEL, *effaré, rentrant en courant.* Berthol... Berthol, fuyons sans retard; je viens de voir de loin des torches allumées portées par des valets à la livrée du prince... Ils viennent de ce côté.

BERTHOL. Le prince vient donc chercher sa fille?...

DANIEL. Sans doute....

BERTHOL. Fuyons, Daniel.

DANIEL. Oui, mais pas ensemble.... ma compagnie ne pourrait te sauver, la tienne pourrait me faire pendre!... et je m'en soucie peu, j'en ai assez.

BERTHOL. Tu as raison, va-t'en! pars le premier.

DANIEL. Adieu!...

Il sort par le fond.

BERTHOL. Bon voyage!(*Accablé.*)Perdu!... dépouillé... criminel!... Et ce matin encore, je rêvais qu'un jour je gouvernerais la Hollande!... (*Apercevant la lueur des torches.*) Déjà la lueur des torches!... (*Prenant sa carabine et son manteau.*) Allons, à moi la nuit... compagne du vagabond!

Tandis que Berthol s'enfuit par le fond, on voit paraître sur la route l'étranger qui conduit les valets éclaireurs qui précèdent le prince.

ACTE QUATRIÈME.

Une salle basse au rez-de-chaussée d'une hôtellerie à Mons. Deux portes latérales à gauche. Une porte latérale à droite Au fond, sur un pan coupé, à gauche, l'entrée d'un vestibule. A droite en regard, une grande cheminée. Au fond, grande porte donnant sur la ville. Une table à gauche, des siéges.

SCÈNE PREMIÈRE.

L'ÉTRANGER, *puis* GUILLAUME.

L'ÉTRANGER; *il entre en portant des pots et des gobelets qu'il va poser sur un dressoir, puis il range les chaises.* Me voilà arrivé au but que je me suis proposé.... A l'exception de cette hôtellerie, toutes sont fermées dans la ville... Oui, avec de l'or et le nom du prince Guillaume, on peut beaucoup dans cette ville de Mons, où il est aimé de tout le monde. Il va bientôt venir m'y joindre, et veut y rencontrer cette Jeanne, qui doit y arriver ce soir; et je veux, moi, que, par mes soins, il l'y rencontre à coup sûr et sans peine.... Ah! les difficultés se croisent, et les événemens marchent vite. Mais, par la mort Dieu! je ne vais pas lentement, et si jamais...

Guillaume, qui est entré pendant les derniers mots, s'est approché de l'Etranger.

GUILLAUME, *lui frappant sur l'épaule.* Dites-moi l'hôtelier.

L'ÉTRANGER. Vous, prince, déjà?

GUILLAUME, *le reconnaissant.* C'est toi!

L'ÉTRANGER. Oui.

GUILLAUME. L'inquiétude a doublé ma vitesse... j'allais demander de tes nouvelles. Avons-nous une chambre préparée?... Viens, je veux être seul avec toi.

L'ÉTRANGER. Nous sommes absolument seuls dans l'hôtellerie, mon prince; ainsi personne ne peut nous entendre.

GUILLAUME. Dis-moi donc d'abord comment nous sommes seuls ici, et pourquoi tu portes cet habit?

L'Etranger porte un habit d'hôtelier.

L'ÉTRANGER. Cet habit, mon prince, je le porte pour vous servir, et je vais en peu de mots vous expliquer pourquoi je l'ai cru nécessaire. (*Il fait asseoir le prince.*) Vous vous disposiez, mon prince, à faire chercher et amener près de vous deux orphelines d'Anvers, appelées toutes deux des noms baptistaires de votre femme, pour voir si vous trouveriez en l'une d'elles votre fille qu'un coup d'œil paternel aurait distinguée sans méprise... quand je vins vous apprendre la retraite de cette Jeanne, femme de maître Berthol.

GUILLAUME. Et quand nous fûmes si cruellement déçus en arrivant à cette misérable maison que nous trouvâmes déserte.... Ensuite?:..

L'ÉTRANGER. Une heure après nous savions déjà que cette Jeanne, qui avait si étrangement fui de cette maison, venait, accompagnée de deux jeunes gens, de monter en voiture pour se rendre à Mons..... Chargeant alors votre ministre Riperda du soin de chercher l'autre femme, vous avez voulu vous attacher au pas de celle qui semblait se hâter de quitter vos états, et vous m'avez donné, avec de l'or et votre meilleur cheval, l'ordre de vous précéder ici, à Mons; et comme vous ne m'avez pas commandé de faire publiquement arrêter cette femme à son passage à la frontière, ce qui aurait été un moyen sûr pour l'avoir en votre puissance, je me suis permis de croire que vous vouliez la rencontrer sans être connu d'elle, et que peut-être vous désiriez la voir et l'entendre avant de la questionner et la nommer publiquement votre fille.

GUILLAUME, *se levant.* Et tu as bien prévu, car, avant de la recevoir au palais d'Amsterdam, si je trouve ma pauvre fille, que les guerres et ma proscription ont jetée seule aux hasards, je voudrais l'avoir vue, ne fût-ce qu'une heure, dans son ignorance et sa misère.

L'ÉTRANGER. Et c'est pour vous conduire à ce but que j'ai employé mon temps et l'or que vous m'avez donné.... Je viens de faire fermer aujourd'hui toutes les hôtelleries de Mons, à l'exception de celle-ci, où je devais vous attendre, et dont, vous le voyez, je remplace jusqu'à demain le maître; si bien que tous les voyageurs seront forcés d'y descendre, que Jeanne y viendra, que nous seuls seront ses hôtes, et que, par adresse ou surprise, vous pourrez au besoin tout voir et tout entendre.

GUILLAUME. J'avais dans cette grave circonstance besoin d'un homme actif, intelligent, et je t'avais jugé tel.

L'ÉTRANGER. Vous vous êtes donc souvenu de m'avoir rencontré, mon prince?

GUILLAUME. Oui; je t'ai vu depuis deux mois, suivant mes soldats, et servant heureusement et volontairement mes armes; enfin ce fut toi qui le premier me donnas une trace probable de ma fille. Je ne sais quel intérêt te fait agir ainsi, mais j'ai découvert en toi l'homme d'exécution qui pouvait me servir, et j'attends que tu me demandes ta récompense.

L'ÉTRANGER. Ne parlons pas de ma récompense, mon prince.

GUILLAUME. Tu es un homme bien étrange.

L'ÉTRANGER. On me l'a dit quelquefois... Dieu fasse que je puisse être pour vous un homme utile! Si vous le voulez, mon prince, je vais d'abord vous faire voir comment est disposée cette maison.

GUILLAUME. Oui, car il faut que nous y préparions nos rencontres.

L'ÉTRANGER. J'en ai fait deux fois le tour, et je vais vous conduire.

GUILLAUME. A l'instant.

L'ÉTRANGER. Par ici d'abord...

Ils entrent dans le vestibule et disparaissent.

SCÈNE II.

RIPERDA, MARIE.

RIPERDA, *entrant par la porte du fond avec Marie.* Venez... mademoiselle... nous sommes arrivés!

MARIE. C'est ici que je vais voir le prince?

RIPERDA. Oui, mademoiselle; il y est incognito... et pour arriver à ce que je désire... (*Allant ouvrir une porte.*) Une de ces chambres doit être libre... oui, veuillez... veuillez entrer ici.

MARIE. Attendre seule?

RIPERDA. Encore de la crainte.... Tout ce que vous avez souffert a dû vous rendre méfiante... mais souvenez-vous bien que vous m'avez trouvé dans le palais du prince, et que je vous ai prouvé que j'étais Riperda, son ministre et son ami.

MARIE. Oui; et souvenez-vous que vous m'avez juré d'oublier tout ce que je vous ai dit de Jeanne, et du crime de son mari.

RIPERDA. Je sais que, pour ne pas déshonorer le nom que porte votre compagne, je dois me taire, et je vous jure encore; ayez donc en moi toute confiance, venez.... et vous n'attendrez pas longtemps.

Il la fait entrer dans une chambre à droite; Guillaume sort d'une autre à gauche.

SCÈNE III.

RIPERDA, GUILLAUME.

GUILLAUME. Voyons maintenant de l'autre côté.

RIPERDA, *qui vient de fermer la porte, l'apercevant.* C'est vous, mon prince?

GUILLAUME. Riperda... que viens-tu faire? que sais-tu? qui t'amène?...

RIPERDA. Ce qui m'amène... écoutez-moi, mon prince. A peine veniez-vous de quitter Amsterdam, que l'on m'apporta quelques feuilles enfin retrouvées des registres de l'asile d'Anvers, qui contiennent ce qui concerne les deux jeunes femmes...

GUILLAUME. Eh bien!

RIPERDA. Je venais d'y découvrir que l'une doit être votre fille.

GUILLAUME. Ma fille!

RIPERDA. L'autre celle d'un maudit, d'un misérable; et je songeais qu'il nous serait facile de reconnaître entre elles votre noble fille.

GUILLAUME. Oh! oui! Riperda.... j'en réponds, moi.

RIPERDA. Quand on vint m'annoncer qu'une orpheline d'Anvers suppliait pour arriver jusqu'à vous, je la fis venir aussitôt, et alors, je ne sais si je fus le jouet d'une vision, mais elle produisit sur moi une telle impression, que j'ai voulu qu'au plus tôt elle fût amenée près de vous.

GUILLAUME. Et à qui l'as-tu confiée?

RIPERDA. Je ne l'ai pas quittée.

GUILLAUME. Où est-elle donc?

RIPERDA. Ici, dans cette chambre.

GUILLAUME. Dans cette chambre?...

RIPERDA. Oh! attendez mon prince! je je veux vous l'amener.

GUILLAUME. Un mot, dis-moi : lui as-tu parlé de l'aumônière?

RIPERDA. Assurément, mon prince. Elle m'a dit...

GUILLAUME, Quoi?

RIPERDA. Qu'elle lui avait été volée.

GUILLAUME. Volée! et par qui?

RIPERDA. Elle l'ignore. (*A part.*) Oh! si elle ne m'avait pas défendu de parler!...

GUILLAUME, *avec défiance.* Elle n'a pas l'aumônière?... Fais-la venir, Riperda.

RIPERDA. Oui, mon prince...

Riperda entre dans la chambre à droite.

GUILLAUME. Oh! mon Dieu, fais que le mensonge ne vienne pas augmenter encore les embarras qui m'accablent.

SCÈNE IV.

GUILLAUME, RIPERDA, MARIE.

RIPERDA, *amenant Marie.* Venez, mademoiselle. Voici le prince de Nassau.

GUILLAUME, *regardant Marie.* Jeanne... Marie!... c'est elle... Riperda... mon Dieu! (*Allant à elle et s'égarant.*) Pauvre amie, qu'ils ont tant fait souffrir!... Viens, ennemis et traîtres, je les ai chassés tous.

MARIE. Que dites-vous?

GUILLAUME. Oh! ne t'épouvante pas.... Non, tu ne peux pas me comprendre, car ma tête s'exalte et mes souvenirs l'assiégent. Mais la raison me revient. Non, tu n'es pas un fantôme que Dieu m'envoie, brillant encore de toute la jeunesse et de la beauté qu'ils ont ensevelies dans la tombe. Tu es notre enfant, n'est-ce pas? tu es notre fille égarée, qui touche enfin au seuil de la maison paterternelle... Riperda! j'ai retrouvé ma Jeanne-Marie... Oh! viens, viens, mon enfant, que les larmes du père effacent les pleurs amers de l'époux qui se souvient.... Et toi qui me rappelles, tâche de me faire oublier.

MARIE. Elle a donc bien souffert celle que Dieu vous avait donnée pour épouse?

GUILLAUME. Ta mère! Tu apprendras toujours trop tôt comment la trahison l'a fait périr au printemps de sa vie... Mais toi, ma fille, mon bien... ma Jeanne-Marie, tu me diras quelles ont été tes peines, tes misères.

MARIE. Oui, je vous dirai tout cela, mon... prince, car je n'ose encore dire mon père...

GUILLAUME. Pourquoi?

MARIE. Parce que, lorsque vous saurez mon histoire, quand vous aurez vu ma compagne d'enfance, seconde moitié de mon être, seconde portion de mon âme, quand vous connaîtrez aussi celle que l'aumônière désignait avec moi, comme moi peut-être trouverez-vous en elle la fille que vous espérez.

GUILLAUME. Non, mon enfant, non : le

malheur vous a jetées, deux filles du même âge, appelées des mêmes noms, dans le refuge des abandonnés; l'une de vous était au prince Guillaume, et le prince Guillaume seul pouvait toucher de la main son sang, son trésor, sa fille... Le prince qui t'a rencontrée, toi, l'image vivante de ta mère, toi, dont la voix est cette voix aimée qui se réveille, toi, Jeanne-Marie ressuscitée; le père vient de décider la grande question que son cœur seul pouvait résoudre; et son cœur en te contemplant dévore en un instant les vingt ans de paternité qu'il a perdus.... Toi ne pas être ma fille!... mais quand tu verras le portrait de ma femme... tu t'agenouilleras, confiante devant l'image de ta mère.... Oh! viens! j'ai hâte de rentrer avec toi dans mon palais d'Amsterdam; là seulement je pourrai te convaincre et m'abandonner à l'ineffable joie qui m'enivre...

RIPERDA. J'ai fait tout apprêter, monseigneur.... pour notre prompt départ, que je prévoyais, et dans quelques heures nous serons, si vous le voulez, à Amsterdam.

GUILLAUME. Oui, Riperda.... partons.... Montez tous les deux en voiture, où je vais vous rejoindre aussitôt... Je n'ai qu'un mot à dire ici... (*Désignant Marie.*) Riperda!... Je te confie mon bien... ma fille... toute ma famille.

RIPERDA. Comptez sur moi, mon prince.

MARIE, *à Guillaume.* Vous le voulez.... monseigneur?...

GUILLAUME. Encore monseigneur?

MARIE. C'est que mon cœur oppressé.... n'ose... s'abandonner...

GUILLAUME. Et pourquoi donc... retenir tes larmes et lutter contre cette voix du sang?...

MARIE, *sanglottant.* Qui commande à mon cœur...

GUILLAUME, *lui tendant les bras.* Un de ces mots qui s'échappent... avec l'âme...

MARIE. Mon père!...

GUILLAUME, *la pressant dans ses bras.* Ma fille!...

MARIE, *après un silence.* Oh! oui... mon père... Je le sais... je le sens... et depuis longtemps déjà mon cœur le disait en vous écoutant, vous, dont la voix est faite pour consoler et bénir!

GUILLAUME. Oui... je serai pour toi... celui qui bénit et protège, et tu seras pour moi plus que la consolation... plus que la récompense... Oh! mais partons... viens prendre ta place dans la maison de ton père, où ta volonté sera suprême et respectée....

Il se tourne vers Riperda, qui va ouvrir la porte du fond et regarde au dehors.

MARIE, *à part, avec conviction.* Jeanne!...

je pourrai sinon te venger, au moins te défendre et te donner ta part.

RIPERDA. Venez, comtesse...

MARIE, *à Guillaume.* A bientôt..... mon père...

GUILLAUME. Dans un instant... ma fille...

Il l'embrarse encore et la regarde sortir.

SCÈNE V.

GUILLAUME, *seul; puis* DANIEL.

GUILLAUME, *glorieux, redescendant la scène.* Mon Dieu, vous me l'avez conservée... Combien de maux sont aujourd'hui compensés par votre grâce infinie!...

DANIEL, *entrant.* Voici enfin une hôtellerie ouverte.

GUILLAUME. Voyons, pensons à cet homme qui m'a si bien servi.

DANIEL, *qui s'est approché de lui.* Vous êtes l'hôtelier?

GUILLAUME, *absorbé.* Il sera bien surpris quand je vais lui annoncer mon bonheur.

DANIEL. Êtes-vous l'hôtelier?

GILLAUME, *l'apercevant.* Que voulez-vous?

DANIEL. Du vin chaud, tout de suite... et qu'on me fasse un bon lit bien couvert.

GUILLAUME, *suivant sa pensée.* Oh! mes bons Flamands, qui n'avez eu depuis dix-huit ans que des combats, vous allez donc avoir des réjouissances publiques!

DANIEL. Tout de suite... mon vin chaud, dites donc, vous, j'attends!

GUILLAUME. Qu'est-ce que vous dites?

DANIEL. Je dis que j'attends mon vin chaud.

GUILLAUME, *souriant.* Si vous comptez sur moi, mon ami, pour faire chauffer votre vin...

DANIEL. Ah ça, êtes-vous l'hôtellier, oui, ou non?

GUILLAUME, *impatienté.* Eh! non!

DANIEL, *de même.* Fallait donc le dire plus tôt. Où diable est-il donc? Holà! quelqu'un... Il n'y a donc personne dans cette maison?

Il sort dans la rue en appelant l'hôtelier.

GUILLAUME. Allons, que la joie ne me fasse rien oublier... hâtons-nous de chercher l'hôtelier de passage. (*L'apercevant.*) Ah! le voici.

SCÈNE VI.

L'ÉTRANGER, GUILLAUME.

L'ÉTRANGER, *entrant par la première porte latérale à droite.* L'heure approche, prince.

GUILLAUME. L'heure, elle est venue déjà... l'heure tant souhaitée... tant attendue.

L'ÉTRANGER. Je ne vous comprends pas.

GUILLAUME. Quand il te plaira venir saluer ma fille dans mon palais d'Amsterdam, tu y seras bien reçu.

L'ÉTRANGER. Vous l'avez donc retrouvée?

GUILLAUME. Elle m'attend dans la voiture qui va nous emmener; tu es libre, ta besogne est faite, et je ne t'oublierai pas... Adieu... (*Revenant sur ses pas et lui donnant la main.*) Ou plutôt au revoir.

Il sort précipitamment par le fond.

SCÈNE VII.

L'ÉTRANGER, *seul.*

Au revoir, mon prince. Ah! Jeanne est déjà venue... Vous l'avez reconnue, prince Guillaume. Les larmes de joie viennent d'inonder votre cœur. Eh bien! alors, pour moi aussi elle est venue l'heure tant souhaitée, tant attendue... J'irai bientôt saluer votre fille, qui doit aussi réveiller en moi de palpitants souvenirs; et quand je vous aurai bien démontré que vous me devez toutes les joies de votre cœur, je vous demanderai que pour ma récompense vous fassiez chercher l'introuvable maison dans laquelle doit être l'écrit de votre pauvre femme; et si tout m'accable à la fois, si la maison a été détruite et le papier perdu, vous ne croirez plus cependant qu'il y a vingt ans j'ai tué ma souveraine, puisque je vous aurai prouvé que ce jour-là je sauvais votre enfant.

SCÈNE VIII.

L'ÉTRANGER, DANIEL.

DANIEL, *rentrant par le fond.* Je ne peux pas joindre l'hôtelier...

L'ÉTRANGER. Je n'ai donc plus maintenant qu'à me préparer à partir.

Il monte la scène.

DANIEL. Le voici, peut-être.

L'ÉTRANGER. Plus d'hôtelier; major, reprends ta place.

DANIEL, *le rencontrant.* Êtes-vous l'hôtelier?

L'ÉTRANGER. Pourquoi, monsieur?

DANIEL. Parce que je voudrais du vin chaud et une chambre pour cette nuit.

L'ÉTRANGER. Elles sont toutes à votre disposition, vous pouvez choisir.

Il va décrocher son manteau de voyage.

DANIEL, *après avoir ouvert une porte à gauche.* Cette chambre me convient.

L'ÉTRANGER. J'en suis charmé, monsieur; prenez-la.

DANIEL. Et j'ai besoin qu'on m'y fasse un bon feu, vous entendez...

L'ÉTRANGER. Vous dites?...

DANIEL. Du feu tout de suite..... tout de suite, tout de suite... je suis gelé...

Il entre dans la chambre à gauche.

L'ÉTRANGER, *souriant.* Si tu comptes sur moi pour t'allumer ton feu... Vite, prévenons l'hôtelier de céans qu'il peut y revenir, et remontons à cheval... la nuit vient..... (*Il monte regarder en dehors.*) Oui, quand viendra le jour, je ne serai pas loin d'Amsterdam. Mais je me trompe sans doute.... mais non... c'est Georges... qui donne le bras à une jeune femme... Georges à Mons! est-ce qu'il voudrait quitter les Flandres? Oh! ce n'est pas l'heure de partir... Merci à Dieu, qui permet que je le rencontre!... Il ne peut manquer de venir ici... Les voici..... Restons... le temps seulement de savoir ses projets et de l'en faire changer.

Il se retire à l'entrée du vestibule.

SCÈNE IX.

L'ÉTRANGER, GEORGES, TOM, JEANNE.

TOM. Enfin, voici une hôtellerie ouverte.

GEORGES, *à Jeanne, qu'il conduit.* Viens, Jeanne ; nous allons rester ici la nuit.

JEANNE. Et demain nous passerons la frontière?

TOM. Oui, Jeanne.

L'ÉTRANGER, *à part.* Jeanne!

TOM. Et pour que vous puissiez vous remettre en chemin sitôt qu'il fera jour, tandis que Georges va vous faire préparer une chambre, je vais aller de suite, moi, faire vérifier et signer vos passe-ports à la porte de la ville.

GEORGES. Va, Tom, et reviens bientôt; tu le sais, nous devons veiller ensemble.

TOM. Je pars vite, et reviendrai de même.

Il sort par le fond.

L'ÉTRANGER, *à part.* Georges veut sortir de ce pays?

GEORGES. Tiens, Jeanne, approche-toi de ce feu... (*Jeanne s'assied auprès du feu.*) Es-tu bien fatiguée?

JEANNE. Non.

GEORGES. Tu n'as plus peur ?

JEANNE. Non.

GEORGES. Tu te crois donc bien hors de danger?

JEANNE. Danger, peur, fatigue, sont des mots que je ne connais plus depuis que je suis avec toi.

GEORGES. Tu leur as payé un tribut bien cruel, il est juste que tu les oublies maintenant... (*Apercevant l'Étranger qui descend la scène.*) Voici, je crois... (*S'approchant de lui*). L'hôtelier, s'il vous plaît?

L'ÉTRANGER. Il est à vos ordres.

GEORGES. Vous? mais je crois vous reconnaître pour avoir vidé un pot de bière avec vous?...

L'ÉTRANGER, *l'interrompant.* À l'auberge des Trois-Routes, il y a déjà longtemps..... c'est vrai, je vous reconnais aussi.

GEORGES. Et nous nous sommes dit en nous quittant que les braves gens se retrouvaient sans se chercher.

L'ÉTRANGER. Vous voyez que nous disions vrai... Vous n'êtes donc plus braconnier?

GEORGES. Non... Je voyage.

L'ÉTRANGER. Vous quittez le pays?

GEORGES. Oui, mais j'y reviendrai bientôt... Et vous, l'aventurier ?

L'ÉTRANGER. Je suis hôtelier maintenant, et prêt à vous servir.

GEORGES. Je voudrais près de cette salle , où je veillerai avec un ami que j'attends, une chambre pour ma sœur que voici.

Il désigne Jeanne.

L'ÉTRANGER. Ah! votre sœur... la sœur de votre ami ?

GEORGES. Non, la mienne.

L'ÉTRANGER. Comment... votre sœur, à vous ?

GEORGES. Cela paraît vous surprendre.

L'ÉTRANGER. Oui... parce que... c'est-à-dire, je ne savais pas que vous aviez une sœur... Tenez, cette chambre est toute disposée...

Il lui montre une porte à gauche, au deuxième plan.

GEORGES. Merci!..... (*S'approchant de Jeanne, qui est toujours assise près de la cheminée.*) Viens, Jeanne... (*Il la prend par la main.*) Voici ta chambre... je serai ici avec Tom... et nous causerons bas pour te laisser dormir.

Ils vont ouvrir la porte.

L'ÉTRANGER, *qui a examiné Jeanne, à part.* Que vois-je?

JEANNE, *à Georges.* Et si je n'ai pas sommeil, je viendrai causer avec vous.

GEORGES. Comme tu voudras.

Il entre avec elle dans la chambre, dont la porte reste ouverte.

L'ÉTRANGER, *regardant dans la chambre.* Mais cette Jeanne est celle que poursuivait le prince; cette femme mariée à ce... Berthol. Et le prince vient de me dire qu'il l'emmenait à Amsterdam. Mais le démon vient donc se mêler dans tout ceci ?... Quoi! l'œuvre est donc incomplète... le prince est donc dans l'erreur?... Et moi... (*Descendant de nouveau.*) Mais oui, cette femme est bien Jeanne, que nous attendions. Et Georges, qui la conduit, l'appelle sa sœur. Qu'est-ce que cela veut dire?.. Il faut que je fasse causer Georges. (*Le voyant revenir.*) Le voici!

GEORGES, *sortant de la chambre.* Repose bien, Jeanne... Bonne nuit, ma sœur.

L'ÉTRANGER. Et c'est demain que vous partez ?

GEORGES. Oui, demain, sans retard.

L'ÉTRANGER. Quand nous nous sommes rencontrés à l'auberge des Trois-Routes, nous bûmes, il m'en souvient, en nous souhaitant bonne chance, et depuis ce jour la chance m'a grandement favorisé.

GEORGES. Et moi aussi, car c'est depuis ce temps seulement que j'ai retrouvé ma sœur.

L'ÉTRANGER, *à part.* Sa sœur!... Si vous le voulez bien, puisque la Providence nous rassemble encore, j'ai un flacon de vieux vin que nous pouvons boire en espérant que lui aussi nous portera bonheur.

GEORGES. Bien pensé. J'accepte.

L'ÉTRANGER. Eh bien... (*S'arrêtant, à part.*) C'est ici la salle commune aux voyageurs. .... On pourrait nous y déranger..... (*Haut, montrant le vestibule à gauche.*) Venez donc par ici.

GEORGES. Très-volontiers.

L'ÉTRANGER, *à part, en sortant.* Je le ferai bien parler.

Ils entrent dans le vestibule.

SCÈNE X.

DANIEL, *passant la tête par la porte de sa chambre.*

Eh bien! et mon feu? je suis morfondu....... Personne! (*Il entre.*) On dirait ici que les hôteliers sont des princes, on ne peut pas se faire servir... Voilà du feu, je vais m'y chauffer! (*Il s'assied près de la cheminée.*) J'ai bien envie de continuer mon chemin. (*Nuit à la rampe.*) Cette nuit, une fois sorti de Mons, je pourrai voyager à mon aise... Je crains toujours ici que l'on ne m'arrête comme complice de Berthol... Berthol! qu'est-il devenu?... Dieu merci, j'en suis débarrassé. Quant à moi, j'ai changé mes ducats en petite monnaie; et sitôt en France, j'y veux commencer un petit commerce auquel je dois prudemment songer à l'avance; et sitôt que j'aurai gagné seulement cent ducats, je passerai définitivement en Portugal, où je compte terminer paisiblement ma vie. Voyons ce qu'il me reste encore d'argent!...

Il se met à compter son argent à la lueur du feu.

SCÈNE XI.

DANIEL, BERTHOL, *entrant masqué par le fond.*

BERTHOL. Oui, je reconnais cette hôtellerie, et j'y pourrai passer la nuit... Cependant la fermeture des autres maisons m'étonne et m'épouvante. Si l'on cherchait ma trace!... Dans ce cas on m'attendrait à mon passage à la porte de la ville, et non dans une auberge... Allons!... (*Se démasquant.*) Reposons-nous sans crainte... Je suis horriblement fatigué... Tiens, je ne suis pas seul... Encore une nuit de patience...

Il s'assied près du feu.

DANIEL, *le voyant s'asseoir, à part.* Voici un compagnon qui m'arrive!... (*Le reconnaissant, à part.*) Par l'enfer... c'est Berthol!

Il se lève, cachant son sac.

BERTHOL. Ne vous dérangez pas, monsieur...

DANIEL, *contrefaisant sa voix.* Ne faites pas attention, je vous prie.

Il passe avec précaution, et rentre précipitamment dans la chambre.

SCÈNE XII.

BERTHOL, *qui l'a suivi des yeux dans l'obscurité.*

Il croit que je ne l'ai pas reconnu... Il va se cacher avec son argent... C'est un ingrat... Il se hâte prudemment de quitter les Flandres, car il y craint le reflet de ma mauvaise fortune. Il se dirige vers la France... comme moi... Va, pauvre Daniel! sois sans crainte. Je ne renouvellerai pas tes frayeurs; et si plus tard nous nous retrouvons, nous aurons oublié nos dangers, et mon rêve de richesse et de grandeur... Et la mort de Jeanne m'a replongé dans le chemin fatigant que je parcourais depuis vingt années... Allons, il faut le faire encore avec audace et courage, en chassant loin de nous les regrets insensés... et tâchant d'oublier mon rêve de fortune et de puissance.

Il reste pensif, la tête dans ses mains. Jeanne sort de sa chambre avec une lumière.

SCÈNE XIII.

BERTHOL, JEANNE.

JEANNE, *mettant la lumière sur la table.* Maintenant que j'ai dit la prière du soir, je sens que je ne pourrais dormir.

BERTHOL, *levant la tête.* De la lumière!...

JEANNE. Mes premières heures de liberté sont si belles, que j'en suis trop avare pour les donner au sommeil...

BERTHOL, *se levant, à part.* Est-ce une vision?...

JEANNE, *reprenant sa lumière.* Je veux veiller avec Georges et Tom.

BERTHOL, *appelant.* Jeanne!

JEANNE, *se retournant.* Quelle voix m'appelle?...

Reconnaissant Berthol, elle jette un cri, laisse tomber la lumière et se traîne défaillante vers la porte de sa chambre. (*Nuit complète.*)

BERTHOL. Jeanne, pourquoi vous cacher dans la nuit? (*La cherchant.*) Où êtes-vous? (*Il se heurte à la table, et entend fermer la porte de Jeanne, qui vient de rentrer dans sa chambre.*) Une porte vient de se fermer de ce côté!... (*Allant vers le mur.*) Oui, voici la porte... (*Cherchant à l'ouvrir.*) Fermée! Mais elle est là... vivante!... Sa lettre mentait; elle fuyait, et je la retrouve près de la frontière... Oh! ma fortune et ma puissance, réveillez-vous... Jeanne existe! Si elle allait m'échapper encore?... Que faire? Si j'appelais l'hôtelier ! A qui demander aide?... (*Se souvenant.*) Et Daniel que j'oubliais... (*Il court frapper à la porte de Daniel.*) Daniel! Daniel!... (*Il frappe.*) Daniel, ouvre !...

SCÈNE XIV.

BERTHOL; DANIEL.

DANIEL, *en dehors.* Il n'y a personne !

BERTHOL. Ouvre donc ! Je sais que tu es là. Je t'ai reconnu... Ouvre donc !... Mais ouvre donc !...

Il enfonce la porte, et reparaît traînant Daniel par la main. Daniel tient une lumière à la main et son manteau roulé sous son bras.

DANIEL. Je vous jure que ce n'est pas moi.

BERTHOL. J'ai retrouvé ma femme.

DANIEL, *posant la lumière sur la table.* Jeanne !

BERTHOL. Elle est ici, vivante, enfermée ! Je viens de la voir !

DANIEL. Es-tu sûr que tu n'as pas été le jouet d'un songe ?

BERTHOL. Je l'ai vue ! Elle est entrée là... par cette porte...

Daniel, allant près de la porte, pose en passant son manteau sur la table et appuie son oreille sur la porte.

BERTHOL. Tu n'entends rien ?...

DANIEL. Rien !

BERTHOL. Reste ici, Daniel... (*Réfléchissant.*) J'ai mon plan... Tu veilleras, et moi je veux interroger l'hôtelier... Daniel, je ne rêve pas maintenant. Tiens, regarde ! (*Daniel s'approche de lui et regarde dans le vestibule.*) Reconnais-tu ce jeune homme qui cause avec l'hôtelier ?

DANIEL. C'est Georges !

BERTHOL. Georges ici ! Je ne me suis pas trompé... Et c'est lui que je veux questionner.

DANIEL. Il te reconnaîtra !

BERTHOL. J'ai mon masque... Toi, rentre dans ta chambre, et tiens-toi prêt à tout entreprendre.

DANIEL. Je suis à toi corps et âme !

BERTHOL, *le poussant.* Eh bien, va-t'en !

DANIEL, *résistant.* Attends !

BERTHOL. Que veux-tu ?

DANIEL. Mon manteau.

BERTHOL. Je te le garderai ; va !

DANIEL. On pourrait le voler.

BERTHOL. Je serai là, sois tranquille.

DANIEL, Fais-y bien attention !

BERTHOL. Mais va donc ! (*Il le pousse dans sa chambre. Allant à la table.*) Son manteau !... son manteau !... (*Il le déroule en le prenant, et en fait tomber le sac de Daniel.*) Ah ! je comprends maintenant ce qui l'occupait... (*Glissant le sac dans sa poche.*) Ah ça... mais plus on lui en prend, et plus il lui en reste !

GEORGES, *dehors.* Eh bien, oui, mon brave, à bientôt... à bientôt.

BERTHOL. Georges vient ici ! (*Il se masque.*) Ne perdons pas une minute ! (*Arrêtant Georges, qui entre.*) Je vous cherchais, monsieur !

SCÈNE XV.

GEORGES, BERTHOL.

GEORGES, *l'observant.* Qui êtes-vous ?... Que me voulez-vous ?

BERTHOL. Je suis espion du prince, et je veux vous rendre un service.

GEORGES. Lequel ?

BERTHOL. Je veux vous donner ma signature, sans laquelle vous ne pourriez sortir de Mons.

GEORGES. Et pourquoi ?

BERTHOL. Parce qu'on y attend un grand coupable, et je suis chargé d'interroger tous les voyageurs, qui ne peuvent sortir qu'après avoir subi mon examen.

GEORGES. Interrogez-moi donc.

BERTHOL. C'est inutile. Vous n'êtes pas celui que je cherche. Vous vous nommez Georges, et vous êtes arrivé ici avec votre sœur, qui se nomme Jeanne.

GEORGES, *naïvement.* C'est vrai !

BERTHOL, *après un mouvement.* Celui que nous cherchons a vingt ans de plus que vous, et je vous ai arrêté pour vous prévenir que je serai cette nuit dans cette chambre, ici (*en ouvrant la porte*), et prêt à vous faciliter le passage de la frontière quand il vous plaira partir.

GEORGES. Merci ! (*Berthol entre dans la chambre de Daniel.*) Cet homme masqué est un espion de Guillaume... Il m'avait effrayé d'abord avec ses interrogatoires, et cependant... je ne suis pas un coupable... Jeanne est-elle endormie ?... Si je frappais doucement à sa porte, je saurais si elle veille encore... Voyons. (*Il frappe doucement, à demi-voix.*) C'est moi, Jeanne... C'est Georges... Je l'entends! oui... Elle vient.

SCÈNE XVI.

GEORGES, JEANNE.

JEANNE, *ouvrant la porte.* C'est toi Georges ?

GEORGES. Oui, sœur !

JEANNE. Et tu es seul ?

GEORGES. Oui. Mais qu'as-tu ?

JEANNE. Où est-il donc ?

GEORGES. Qui ?

JEANNE. Berthol !

GEORGES. Berthol ?

JEANNE. Il est ici, je l'ai vu.

GEORGES. Ton mari!... Et cet homme masqué qui m'a parlé tout à l'heure ; cet homme à qui je viens d'avouer notre fuite... ta présence ici...

JEANNE. O mon Dieu !

GEORGES. Ne tremble pas ainsi, sœur.

JEANNE, *chancelante*. La vue de cet homme m'a tuée, frère.

GEORGES. Jeanne, ne te laisse pas abattre... ton front pâlit. (*Il la fait asseoir.*) Ma sœur !...

L'ÉTRANGER, *entrant*. Qu'est-ce donc ?

GEORGES. Oh! venez à son secours.

L'ÉTRANGER. Qu'est-il donc arrivé ?

GEORGES. Elle vient de retrouver ici l'homme infâme dont je vous parlais.

L'ÉTRANGER. Son mari dans cette maison... Vous en êtes sûr ?

GEORGES. Mais peut-être, sœur, ton imagination t'a-t-elle abusée... Si tu t'étais trompée.

BERTHOL, *qui vient de sortir de la chambre*. Ma femme a dit la vérité.

SCÈNE XVII.

BERTHOL, JEANNE, GEORGES, L'ÉTRANGER.

GEORGES. C'est bien lui !

BERTHOL, *à Georges*. Pourquoi donc emmeniez-vous ma femme ?

GEORGES. Parce qu'il faut qu'avant toute explication entre nous deux Jeanne soit sortie de Flandre.

BERTHOL. Et si son mari vient d'envoyer prévenir qu'il s'oppose à son passage ?

GEORGES. Alors Jeanne sera témoin de ma vengeance, et de ton expiation.

BERTHOL. Mon expiation ?

GEORGES, *désignant Jeanne*. Qu'avez-vous fait de cette pauvre jeune fille ?

BERTHOL. Je ne dois aucun compte de ma conduite avec ma femme.

GEORGES. Vous en devez à son frère.

BERTHOL. Vous, son frère?... vous êtes fou.

Jeanne se lève.

GEORGES. Que voulez-vous dire?

BERTHOL. Savez-vous qui est le père de Jeanne?...

GEORGES. Le mien.

BERTHOL. Qui vous l'a dit?

GEORGES. Vous-même!

JEANNE. Mais oui, vous-même.

BERTHOL. Je me suis trompé.

GEORGES. Trompé!...

JEANNE. Infamie !

L'ÉTRANGER, *à Georges*. Monsieur s'était trompé...

GEORGES. Vous vous êtes trompé!... et

c'est par un mensonge que vous avez voulu détruire à jamais entre nous toute espérance de bonheur!

BERTHOL. C'est par erreur.

GEORGES. Erreur!... et savez-vous ce que pourra vous coûter cette inconcevable erreur?... savez-vous que je m'apprêtais à venger Jeanne ma sœur? .. et que tout mon amour étouffé qui se réveille, vient encore grandir ma haine et ma colère?...

L'ÉTRANGER, *à part*. Ils s'aiment...

GEORGES. Savez-vous que Jeanne, qui n'est pas ma sœur, redevient ma fiancée... et que je veux qu'elle puisse être ma femme un jour?...

BERTHOL. Mais il me semble qu'il faudrait pour cela, monsieur, que Jeanne fût libre.

GEORGES. Je crois que vous voulez dire veuve.

BERTHOL. Si c'est là ce que vous espérez... monsieur, faites provision de patience, car j'ai bonne envie de vivre.

GEORGES. Et moi de vous voir mourir.

Il porte la main à la garde de son épée. Berthol en fait autant.

JEANNE, *à Georges*. Non, Georges... point de ces combats qui toujours laissent une souillure à l'épée du vainqueur... Jeanne votre fiancée sera votre épouse, et mon mariage je saurai le rompre et l'annuler avec la justice et les lois, car c'est à l'aide d'un mensonge que cet homme m'a contrainte à son épouvantable alliance.

BERTHOL. Et votre père devra me bénir, madame.

JEANNE. Mon père !

BERTHOL. Oui, votre père que je connais, moi...

JEANNE. Mon père!... mais qui donc est mon père?

BERTHOL. Quels noms étaient brodés, madame, dans l'aumônière en velours noir qu'un jour de bataille vous avez confiée à Marie, votre compagne?

JEANNE. Ceux de Jeanne-Marie.

GEORGES. Grand Dieu!

JEANNE. Mais pourquoi?

BERTHOL. Georges va vous le dire.

JEANNE. Eh bien, Georges !

GEORGES. Vous aviez, Jeanne, une aumônière dans laquelle vos noms étaient brodés?

JEANNE. Oui, mais que devait-elle donc révéler?...

GEORGES. Jeanne-Marie, comtesse de Nassau... vous êtes la fille du prince Guillaume.

JEANNE. La fille du prince Guillaume!.. (*A part, en réfléchissant.*) Mais cette aumônière n'était pas à moi seule...

GEORGES. Oh! je comprends maintenant pourquoi tu as menti pour nous désunir... tu savais seul depuis longtemps quelle était la noble naissance de Jeanne... et tu espères profiter de ta surprise... Mais non, j'irai tout raconter au prince.

BERTHOL. Toi?

GEORGES. Je le dois, à cette heure, non seulement à cette noble femme que tu as martyrisée, mais encore à mon pays que tu voulais courber sous ta puissance volée.

BERTHOL. Et tu espères t'approcher du prince?

GEORGES. Je le veux.

BERTHOL. Tu n'en approcheras pas.

L'ÉTRANGER. Si, si... il verra le prince.

BERTHOL. Jamais.

L'ÉTRANGER. Pardon... il le verra, j'en suis sûr... et vous ne pourrez l'empêcher, car vous ne sortirez d'ici, vous, que lorsqu'il aura pu atteindre Amsterdam.

BERTHOL. Qui donc m'empêcherait de sortir?

L'ÉTRANGER. Moi!

BERTHOL. Vous?...

L'ÉTRANGER. Moi... c'est ainsi... telle est ma volonté... et quand je veux, moi, cœur et bras d'airain ne peuvent me faire céder.

BERTHOL. Et Georges?...

L'ÉTRANGER. Va partir...

BERTHOL. Et vous aurez causé sa perte.

L'ÉTRANGER. Pourquoi?...

BERTHOL. Parce que vous ne savez pas, vous, protecteur insensé, que, pour aller jusqu'au palais, il lui faudrait traverser Amsterdam, et que Georges pourrait se trouver en face d'une maison dont la vue le ferait pâlir.

GEORGES. Laquelle?...

BERTHOL. Par-devers l'église Saint-Pierre est une petite maison obscure, inhabitée, dans laquelle est morte, il y a vingt ans, la mère de Jeanne, empoisonnée par le major Van Ruyter.

GEORGES, à part. Dieu puissant!

L'ÉTRANGER, à Berthol. Qu'est-ce que vous dites?...

BERTHOL. Que Georges sait bien... qu'il est fils de l'assassin parjure.

JEANNE. Non. Georges n'est pas le fils d'un assassin.

GEORGES. Je suis le fils du major Van Ruyter...

JEANNE. Ah! malheur!...

BERTHOL. Tu te souviens donc, enfin. Quand les grands crimes s'oublient, Georges, les enfants des criminels ont trop d'audace et d'arrogance jusqu'au jour où Dieu veut qu'on vienne secouer auprès d'eux la cendre des morts et réveiller les vieux souvenirs.

L'ÉTRANGER, à Berthol. Mais il n'y a pas de maison en face l'église Saint-Paul, elle est sur le port.

BERTHOL. Mais de quoi vous mêlez-vous donc?... j'ai dit l'église Saint-Pierre.

L'ÉTRANGER. Ah! oui... oui... c'est bien différent... (Saluant Berthol avec humilité.) Je vous demande bien pardon de vous avoir interrompu.

Il se retire au fond.

BERTHOL, à Jeanne. Maintenant que vous savez, madame, que je n'ai menti que pour vous garantir d'un amour et d'une alliance qui forceraient aujourd'hui votre père à renier sa fille, à désavouer son sang... hâtez-vous de décider, je vous en conjure, si vous devez suivre le fils de Van Ruyter ou le mari qui vous a sauvée.

JEANNE. Si je suis fille du prince... mais vous pourriez vous méprendre.

BERTHOL. Je ne crains par la méprise.

JEANNE. Alors, je veux aller trouver mon père.

BERTHOL. Je suis à vos ordres.

JEANNE, avec frayeur. Mais pas seule avec vous!...

BERTHOL. Je sais, madame, quels honneurs vous sont dus, et si Daniel a fait ma volonté, nous ne serons pas seuls.... (A l'Étranger.) Vous, l'hôtelier, voyez si l'on ne vient pas au-devant de la princesse.

L'ÉTRANGER, regarde et voit des soldats. Une escorte l'attend.

BERTHOL. Quand vous voudrez, madame.

JEANNE, à part. Et Georges!

GEORGES, s'approchant. Avant que vous partiez, madame, Dieu m'ordonne de vous dire qu'il a décidé que je vous verrais une fois encore... (S'agenouillant.) Je vous salue, princesse.

JEANNE, pleurant. Adieu, Georges!

BERTHOL, à Jeanne. Van Ruyter... je dis son second nom que vous aviez oublié...

Il échange un regard avec Georges, qui semble le défier.

JEANNE. Que le ciel me conduise maintenant auprès du prince!

Elle monte vers le fond; Berthol la suit et sort avec elle en saluant de la main les soldats de l'escorte; l'Étranger ferme la porte du fond et s'avance.

SCÈNE XVIII.

GEORGES, L'ÉTRANGER, puis TOM.

L'ÉTRANGER. Enfin, mon Dieu! tu nous envoies la lumière... (A Georges, qui est resté pensif.) Par-devers l'église Saint-Pierre est une petite maison obscure, inhabitée.

GEORGES, se retournant. Ces mots vous ont frappé!...

L'ÉTRANGER. Oui; c'est parce que c'est dans cette sombre maison que la princesse a caché, derrière la boiserie de sa chambre, un écrit qui doit révéler de grandes choses.

GEORGES. Qui vous l'a dit?...

L'ÉTRANGER. La princesse mourante.

GEORGES. La princesse?...

L'ÉTRANGER. Oui.

GEORGES. Mais, alors, vous êtes donc?...

L'ÉTRANGER, *l'interrompant.* Je suis.... un homme qui a déposé l'enfant du prince dans l'asile des orphelins, qui a subi vingt ans de prison solitaire... qui a révélé au prince l'existence de sa fille, et qui veut vous accompagner maintenant à la maison mortuaire.

GEORGES. Et vous vous nommez?...

L'ÉTRANGER. L'hôtelier de Mons... l'aventurier d'hier... l'homme étrange... Je n'ai pas de nom, moi, j'ai perdu le mien, que je retrouverai bientôt....

GEORGES. Et je le connais, moi.... mon cœur vient de le deviner....

L'ÉTRANGER. Chut.... tais-toi, tais-toi.... nous n'avons pas le temps d'écouter nos transports; si la maison brûlait....

GEORGES. Oh! venez, venez... (*Il monte la scène.*) Mais, avant de partir, oh! une seule de ces étreintes de l'âme...

L'ÉTRANGER. Qui ne peut qu'affaiblir le courage.

GEORGES. Non, que le doubler.

L'ÉTRANGER. Eh bien, je cède, je cède... viens, viens...

Il le couvre de baisers et va se nommer.

TOM, *dans la coulisse.* Georges! Georges!...

L'ÉTRANGER. Quelqu'un!...

Il s'éloigne de Georges.

TOM, *entrant.* Ah! Georges!.... sais-tu que Berthol est à Mons!

GEORGES. Oui; et je sais bien autre chose encore.... je sais où est la maison que j'ai tant cherchée. Et sais-tu qui va m'y conduire?....

TOM. Qui donc?

GEORGES. C'est... c'est ce digne homme, cet ami dont on serait fier d'être le fils...

TOM. Mais expliquez-moi donc...

L'ÉTRANGER. Le temps nous presse... partons! partons!...

GEORGES. Oh! oui, vous avez raison, car, comme vous le disiez tout à l'heure, si la maison brûlait...

L'ÉTRANGER. A Amsterdam!

GEORGES *et* TOM. A Amsterdam!...

Ils sortent tous trois par le fond.

ACTE CINQUIÈME.

Une salle très-riche du palais de Guillaume de Nassau, à Amsterdam. Grand vestibule décoré au fond, qui conduit à droite et à gauche. Porte latérale à droite; siéges riches.

SCÈNE PREMIÈRE.

DANIEL *seul puis* TOM.

Au lever du rideau, Daniel, vêtu comme un seigneur, pourpoint velours et or, grande fraise, costume exagéré du temps, entre en scène conduit par des pages qui le saluent et sortent; Daniel, confus, les accompagne respectueusement à son tour, s'aperçoit de sa bévue, cherche à prendre une meilleure contenance et redescend gravement la scène.

DANIEL, *examinant.* Ce palais est d'une rare richesse... et je ne peux pas croire que j'y serai bientôt logé comme intendant et ami intime du baron... comte... ou marquis Berthol, gendre du prince de Nassau... Il me semble que je n'y serai jamais bien à l'aise... Il est vrai que, dans ce moment-ci, j'y suis bien gêné, parce que mes hautes chausses et mon pourpoint sont si étroits que je ne peux pas facilement respirer... Il a fallu se présenter dignement au palais..... Berthol a bien voulu me prêter de mon argent pour m'habiller à neuf... et j'avais si peu de temps... Enfin, je suis très-élégant, mais je n'ose pas m'asseoir...

TOM, *qui pendant la dernière phrase est entré, a observé Daniel et s'est approché de lui.* Je salue maître Daniel.

DANIEL. Tom ici, au palais...

TOM. C'est tout naturel, je suis officier des gardes du prince.

DANIEL. C'est juste.

TOM. Mais ce qui est surprenant, c'est de vous y voir.

DANIEL. Je viens, moi, d'apporter au prince une lettre de son gendre.

TOM. Le prince a un gendre?

DANIEL, *faisant l'important.* Oui, un ami intime à moi, et je l'attends ici. Mais dismoi, toi, mon garçon: tu as bien commencé ton chemin, te voilà officier, il faut devenir capitaine... de belles protections pourraient te faire avancer

TOM. Je n'en ai pas.

DANIEL. Tu pourras en avoir..... Je t'ai toujours beaucoup aimé, Tom!

TOM, *avec humilité.* Quoi! vous consentiriez...

DANIEL. Oui, mon ami, je veux t'être utile!

TOM, *de même.* Merci... merci... Mais je ne comprends pas que vous soyez l'ami du gendre du prince, dont la fille n'est pas mariée!

DANIEL. Tu n'es pas informé, et dans quelques heures tu la verras venir ici accompagnée de son époux.

TOM. Je l'ai déjà vue hier... mais sans lui.

DANIEL. Tu as vu qui?

TOM. La fille du prince.

DANIEL. Où donc?

TOM. Ici ; elle m'a parlé, elle s'est bien souvenue de moi, qui lui ai plusieurs fois servi de guide lorsqu'elle était aveugle à l'hospice Saint-Bruno.

DANIEL. Cette jeune orpheline qui était aveugle est au palais?

TOM. Elle y a été ramenée par le prince, qui l'a reconnue pour sa fille... (*Mouvement violent de Daniel.*) Mais comment cela vous surprend-il?... vous qui, vous dites l'ami de son époux?

DANIEL, *à part.* O mon Dieu!... (*Haut.*) Adieu, Tom.

TOM, *l'arrêtant.* Où allez-vous?

DANIEL. Je vais... à mes affaires.

TOM, *le saisissant par le bras.* Vous n'ignorez pas aujourd'hui; je viens de recevoir une consigne qui me défend de vous laisser sortir du palais.

DANIEL. Et pourquoi.... mon excellent Tom?...

TOM. Le prince seul pourrait vous le dire... et je l'entends, je crois....
Il monte la scène.

DANIEL, *à part.* Je suis un homme mort...

TOM. Oui... vous allez pouvoir vous expliquer avec lui.

DANIEL, *vivement.* Non!... j'aime mieux d'abord m'expliquer avec toi...

TOM, *lui désignant la porte latérale à droite.* Entrez donc ici... car le prince approche.

DANIEL. Mon Dieu, Seigneur! je n'ai plus de sang dans les veines.

Tom fait entrer Daniel dans une chambre à droite; Guillaume paraît sous le vestibule, accompagné de Riperda. Guillaume, occupé à lire des papiers, entre vivement.

SCÈNE II.

TOM, GUILLAUME, RIPERDA.

TOM, *à part.* Je prends sur moi de te garder ici, Daniel?... (*Au Prince, qui vient d'entrer.*) Je salue son altesse.

GUILLAUME. Vous savez, officier Tom Willam, quels ordres j'ai donnés.

TOM. Oui, mon prince; vous avez ordonné qu'aujourd'hui le palais fût fermé pour tout le monde, excepté pour deux hommes, un hôtelier de Mons et un bourgeois nommé Réné Berthol.

GUILLAUME. C'est bien cela.
Tom s'incline et sort.

SCÈNE III.

GUILLAUME, RIPERDA, *puis* TOM.

RIPERDA. Monseigneur veut recevoir maître Berthol?...

GUILLAUME. Oui; il vient de m'écrire... (*Souriant.*) Il se croit mon gendre... et je veux le recevoir, afin de l'éloigner au plus tôt avec cette Jeanne que Marie appelle toujours...

RIPERDA. Toujours, monseigneur...

GUILLAUME, *regardant des papiers qu'il tient à la main.* O Riperda! si tu n'avais pas découvert ces dates précises conservées sur ces feuilles de registres perdues autrefois dans le pillage... je ne serais pas aujourd'hui forcé de désunir à jamais ces deux jeunes femmes.

RIPERDA. Il faut tout oublier, monseigneur...

GUILLAUME. C'est impossible... Riperda, souviens-toi de sa mère.

RIPERDA. Vous avez raison, mon prince.

GUILLAUME. Mon Dieu! il n'y a qu'un jour que j'ai retrouvé ma fille... et déjà je dois voir couler ses larmes...

TOM, *entrant.* Monseigneur, le nommé Réné Berthol demande à paraître devant vous.

GUILLAUME. Officier Tom, faites entrer maître Berthol... (*Tom va au fond et fait un signe; Berthol paraît dans le vestibule au fond, se découvre et reste immobile.*) Toi, Riperda... va trouver Marie... tu me l'amèneras bientôt, et j'aurai la force de faire ce que Dieu me commande...

RIPERDA. Bien, monseigneur.
Il sort lentement en considérant Berthol.

SCÈNE IV.

GUILLAUME, BERTHOL.

GRILLAUME, *à part.* Oui... je dois éviter de prolonger son espoir... (*Apercevant Berthol.*) Ah! c'est vous, maître Berthol... Approchez...

BERTHOL. Pardonnez, mon prince..... au trouble qui m'agite.

GUILLAUME. Approchez... et dites-moi ; vous êtes l'époux de Jeanne ?...

BERTHOL. Oui, mon prince !...

GUILLAUME. Et vous êtes venu sans elle?

BERTHOL. Je l'ai précédée, monseigneur.

GUILLAUME. Donc... elle va venir?

BERTHOL. Bientôt, mon prince : mais j'ai voulu être le premier à m'approcher de vous, afin qu'aucune arrière-pensée ne puisse vous venir au cœur quand vous embrasserez votre fille.

GUILLAUME. Je ne vous comprends pas.

BERTHOL. Je vais m'expliquer, mon prince, si l'émotion qui m'oppresse me laisse un instant de trêve et de lucidité.

GUILLAUME, *s'asseyant.* Remettez-vous... et parlez...

BERTHOL. Après plus d'une année d'affection et d'amour, j'étais devenu l'époux de Jeanne; j'avais mis dans notre vie modeste mes joies et toutes mes espérances, quand le destin, irrité de mon trop grand bonheur me frappa de son tonnerre, en m'apprenant qu'un sang noble animait celle que mon cœur ignorant avait prise pour compagne.... Alors je résolus de disparaître à jamais après avoir poussé Jeanne, seule, étonnée, sur le chemin sablé d'or qui se dessinait devant elle... Mais au moment de quitter la compagne qui était plus que mon sang, plus que ma vie, mon cœur s'est arrêté dans ma poitrine, et j'ai osé espérer dans ma douleur que peut-être le comte Guillaume, que le prince chéri du peuple flamand, ne repousserait pas à jamais l'homme du peuple que le ciel a désigné pour l'époux de sa fille... Mais, mon prince, n'en accusez que mon désespoir, car maintenant que je suis près de vous, je sens que je dois vous rendre votre fille belle de toute sa jeunesse et de sa liberté... et je viens, dussé-je en mourir, entendre de vous ma sentence, sans plainte et sans murmure.

Il tombe à genoux.

GUILLAUME, *à part.* Cet homme est généreux !

BERTHOL, *à part.* Il est ému !...

GUILLAUME, *allant relever Berthol.* Ne vous désolez plus, pauvre Berthol; vous ne serez pas séparé de Jeanne.

BERTHOL, *se levant.* Quoi, mon prince !... tant de bonté.

GUILLAUME. Le prince vous dira de vous éloigner de ce pays avec elle.

BERTHOL, *surpris.* Avec Jeanne !

GUILLAUME. Et vous apprendrez bientôt la cause de cet éloignement auquel je vous condamne; mais vous ne serez point séparé de cette compagne, qui est plus que votre sang, plus que votre âme... Et maintenant éloignez-vous, Berthol, je suis impatient, moi, d'embrasser ma fille bien aimée, qui, depuis hier, règne dans ce palais.

BERTHOL. Votre fille ?...

GUILLAUME. Oui, ma fille Marie.

BERTHOL. Jeanne, monseigneur...

GUILLAUME. Non, non, Marie !

BERTHOL. Mais je pourrais prouver à votre altesse que Jeanne...

GUILLAUME. Jeanne, votre épouse, n'est pas ma fille... soyez donc heureusement détrompé... Elle va venir, m'avez-vous dit... allez donc l'attendre... allez...

Guillaume va s'asseoir.

BERTHOL, *à part.* Marie !... Ces deux Jeanne, Marie, se confondent et se suivent comme deux ombres... il faut qu'il y ait magie...

GUILLAUME, *voyant Berthol immobile.* Allez... et restez au palais, tout vous sera fidèlement expliqué avant votre départ... Allez...

BERTHOL, *s'incline et dit à part.* Ma foi !

je joue depuis si longtemps contre le diable, que je veux aller jusqu'au bout, pour savoir enfin, qui du diable... ou de moi, remportera la victoire.

Il s'incline de nouveau et sort par le fond à droite.

SCÈNE V.

GUILLAUME, *puis* MARIE, RIPERDA.

GUILLAUME, *seul.* Oui.... mes bienfaits suivront cette Jeanne... mais seulement à cause de Marie !...

Riperda entre avec Marie.

MARIE. Dieu vous garde, mon père !...

GUILLAUME, *en remettant les papiers à Riperda.* Ah ! te voici Marie.... laisse-nous seuls, Riperda.

Riperda s'incline et sort.

MARIE, *à Guillaume.* Vous paraissez souffrant ?...

GUILLAUME. Non, pas souffrant..... mais triste...

MARIE. Et pourquoi, mon père ?...

GUILLAUME, *lui indiquant un siége placé à côté de lui.* Viens, mon enfant, viens... et pardonne-moi d'avance le mal que je vais te faire...

MARIE. A moi, mon père ?...

GUILLAUME. A toi, qui as des chagrins dans tes joies, et des souvenirs ou des regrets au milieu des grandeurs.

MARIE. C'est que je voudrais, mon père, que Jeanne, qui est à cette heure dans l'indigence, fût déjà près de moi, pour tout partager.

GUILLAUME, *à part.* Toujours Jeanne !... (*Haut.*) Marie, fille des Nassau, tu dois avoir du courage...

MARIE. Pourquoi, mon père ?...

GUILLAUME. Parce qu'il faut que tu apprennes, enfin, quel malheur doit à jamais te séparer de Jeanne.

MARIE. Me séparer de Jeanne !...

GUILLAUME. Moi, prince, j'ai pu découvrir en même temps et ton origine et la sienne; quelques feuilles des registres détruits ont été retrouvées et contiennent précisément ce qui vous concerne toutes deux.

MARIE. Et que disent-elles ?...

GUILLAUME. Que le 22 janvier, de l'an 1565, tu fus apportée par un savant médecin qui avait assisté ta malheureuse mère, et que, huit jours plus tard, l'assassin de ta mère... vint déposer, sous les mêmes noms que toi, une fille dont il se débarrassait pour fuir comme un traître enrichi.

MARIE. Votre fille, à vous, fut déposée la première ?

GUILLAUME. Oui, la première.... et huit jours après le criminel déposait la sienne.

MARIE. Dieu vengeur!..... qu'ai-je donc fait!

GUILLAUME. Que dis-tu, mon enfant?

MARIE. Ne m'approchez plus, chassez-moi... j'ai souillé la demeure de mon maî-tre... Votre fille, déposée la première, est Jeanne, que vous accusiez en la répudiant... (*Tombant à genoux.*) Et je suis, moi, la maudite et la condamnée, monseigneur...

GUILLAUME. Taisez-vous, Marie; l'erreur vous égare.

MARIE. Non, monseigneur... non, Jeanne fut déposée la première; rendez-lui sa place; pour elle la richesse, la splendeur et les dou-ces larmes d'un père...

GUILLAUME, *la relevant.* Marie... c'est affreux de déchirer ainsi mon cœur; vous ne m'aimez donc pas, vous?...

MARIE. Moi, j'en mourrai..... Mais ne m'interrogez pas, et que justice soit faite... Nos extraits baptistaires, seules traces que nous ayons eues de notre enfance passée, vous convaincront... Celui de Jeanne est daté du 22 janvier, et le mien du dernier jour du même mois.

GUILLAUME. Vous vous êtes trompées tou-tes deux... Tu es mon sang, je le sais, tu es ma fille; mes souvenirs, le portrait de ta mère et la voix de Dieu l'attestent et le dé-clarent.

MARIE. Faites donc venir Jeanne, et vous saurez ce qu'alors vous dira la voix du Sei-gneur...

GUILLAUME. Jeanne.... je l'attends au pa-lais... je veux y hâter sa venue... et pour étouf-ffer ce cri de ton cœur généreux, et détruire l'angoisse qui se peint sur ton visage... je veux la faire appeler sans retard... je cours donner des ordres... (*S'arrêtant.*) Et quand tu se-ras convaincue de ton erreur...

MARIE. Je verrai s'éloigner Jeanne sans murmure, comme elle devra me voir partir sans plainte, si je suis la maudite.

GUILLAUME. Eh bien, mon enfant, dans un instant, je te le jure... tu auras pu dans le secret consoler Jeanne, en lui comman-dant toi-même le courage et le départ... Attends-moi donc, Marie.

Il sort par le fond à droite.

SCÈNE VI.

MARIE, *puis* TOM ET JEANNE.

MARIE, *seule.* Puisque malheur et bonheur doivent se partager les deux orphelines, je vous remercie, mon Dieu! d'avoir gardé pour Jeanne le sort que vous lui faites.

Elle s'assied pleurante.

TOM, *faisant entrer Jeanne par la droite.* Oui, Jeanne, l'événement qui vous amène au palais y a amené aussi votre compagne.

JEANNE. Est-ce possible?

TOM, *apercevant Marie.* Voyez madame, et vous de douterez plus.

JEANNE. Marie!

MARIE, *l'apercevant.* C'est toi, Jeanne!

Elles se précipitent l'une vers l'autre et se tiennent em-brassées en pleurant.

TOM, *à part.* Maintenant que Jeanne et Marie sont réunies dans le palais de Nassau, allons prévenir l'hôtelier de Mons, et Geor-ges.

Il sort par le fond.

SCÈNE VII.

JEANNE, MARIE.

MARIE. Je te revois donc enfin?

JEANNE. Marie... où donc as-tu passé tant de longs jours?

MARIE. Dans l'hospice Saint-Bruno, où l'on a pris soin de la jeune fille blessée.

JEANNE. Blessée?

MARIE. Oui; mais je suis guérie... et toi, Jeanne?

JEANNE. Si tu savais tout ce que j'ai souf-fert!... Mais nous ne nous quitterons plus... Vois comme la séparation nous portait mal-heur.

MARIE, *tristement.* Il faudra nous séparer encore!

JEANNE. Jamais!... Tu sais quelle destinée nous rassemble au palais du prince Guil-laume?

MARIE. Oui!

JEANNE. C'est en vain qu'il cherchera sa fille entre nous deux, qui avons juré que nous n'avouerions jamais rien qui pourrait détruire la confusion qui nous lie.

MARIE. Et je viens d'avouer, moi.

JEANNE. Quoi donc?

MARIE. Que tu as été mon aînée de quel-ques jours dans la maison d'asile.

JEANNE. Et pourquoi?

MARIE. Parce que l'une de nous deux est fille d'un souverain, l'autre d'un criminel, et le prince faisait injustement peser sur toi la réprobation et l'exil.

JEANNE. Si bien que je serai, moi...

MARIE. Princesse!

JEANNE. Et toi, bannie, chassée... Et tu crois que j'accepterais fortune, honneurs... tandis que tu aurais, toi, pleurs, exil et aban-don!

MARIE. Il le faut!

JEANNE. Non pas, je veux te démentir; je dirai que j'ai changé nos extraits baptistaires. A nous deux, Marie, la réprobation, l'anathème, ou la dignité princière... tout à nous deux, rien à chacune; tu l'as oublié; mais je me souviens, moi, que nous nous sommes juré que nous aurions même fortune, même salut ou même cercueil... et je veux aller trouver le prince. Oui, j'appellerai ses pages, qui me conduiront auprès de lui...

MARIE, *l'arrêtant.* Attends, Jeanne..... Dieu qui décide...

JEANNE. Me guide et m'inspire.

MARIE, *la retenant.* Écoute ce que te dit le devoir... et non ce que l'amitié commande.

JEANNE. D'après votre aveu, je suis princesse. (*Marie la quitte en se soumettant, Jeanne se rapproche d'elle; avec effusion.*) Marie !... pardonne et ne me retiens plus... tu sais bien que je ne dois pas accepter ton infortune... Je cours auprès du prince.... (*L'apercevant.*) Le voici !

Comme elle entre sous le vestibule et se dirige pour sortir à gauche, le Prince, qui entre, vient à sa rencontre avec agitation.

SCÈNE VIII.

LES MÊMES, GUILLAUME.

GUILLAUME, *lui prenant la main et la ramenant en scène, avec agitation.* Tu t'impatientais, mon enfant; viens, et tu vas voir Jeanne, elle est au palais; Riperda va l'amener ici. Chasse ton épouvante, essuie tes beaux yeux qui ont pleuré... (*La considérant.*) Voyons, plus de larmes... plus... de... Oh !... rends-moi donc ce beau sourire de ta mère... tu as maintenant la tristesse de son regard... Mais... tu es bien....

MARIE, *s'approchant.* Jeanne, mon prince.

GUILLAUME, *épouvanté en voyant Marie.* Jeanne !...

MARIE. Qui fut déposée la première.

GUILLAUME. Et toi, Marie !... (*Il fait un pas vers Marie, s'arrête, regarde Jeanne... hésite... regarde encore... devient tremblant, et les deux femmes viennent le soutenir au moment où il chancelle.* (*Les quittant*). Jésus, Sauveur! qui donc me délivrera de cette incertitude horrible?... (*Montant la scène.*) A moi!... du monde !... Riperda!... Berthol!... du monde... Venez tous à mon aide!...

SCÈNE IX.

LES MÊMES, RIPERDA, BERTHOL, DANIEL, TOM, SEIGNEURS, SOLDATS; *puis* GEORGES ET L'ÉTRANGER.

GUILLAUME. Venez, et dites-moi... laquelle de ces deux femmes est ma fille... Parlez... que savez-vous?... qu'avez-vous appris?...

BERTHOL, *bas, à Daniel.* Il doute encore, Daniel.

DANIEL, *bas.* Espérons, Berthol...

GUILLAUME. Vous vous taisez tous... mais il n'y a donc personne qui puisse éclaircir cet épouvantable mystère?

GEORGES, *entrant avec l'Etranger.* Nous, mon prince !

Tout le monde se retourne.

GUILLAUME. Vous?

JEANNE, MARIE, BERTHOL *et* DANIEL. Georges !...

GEORGES. Par-devers l'église Saint-Pierre, est une petite maison obscure, inhabitée, dans laquelle la princesse mourante avait caché un écrit qu'elle adressait à son époux proscrit. Un hasard m'a fait trouver cette nuit, cette maison que je cherchais depuis dix années. (*Prenant un parchemin dans sa poitrine.*) Et l'écrit conservé, l'écrit révélateur, le voici, prince... Voyez, si vous reconnaîtrez une écriture que dix-huit ans n'ont pas effacée.

GUILLAUME, *prenant le parchemin.* Oui, c'est bien d'elle... sa signature !... (*Embrassant la lettre*) Pauvre Jeanne-Marie, ta dernière pensée fut pour moi.

BERTHOL, *à part.* Qu'est-ce que cet écrit trouvé dans cette maison ?

DANIEL, *à part.* Nous touchons au moment décisif.

GUILLAUME, *lisant.* « A toi, prince Guil-
» laume, mon époux bien-aimé... Dieu créa-
» teur, Dieu prévoyant et juste, nous a le
» même jour donné deux filles... » (*Parlant.*) Deux filles !...

Mouvement de tout le monde, excepté de Riperda, l'Etranger et Georges. L'Etranger se rapproche de Georges, et Daniel plus confiant s'avance.

GUILLAUME, *lisant.* « L'une d'elle fut, la
» nuit même de sa naissance, emportée par le
» médecin Vander Does, qui, à l'aide de ce
» double enfantement, a pu la soustraire en
» annonçant au duc d'Albe ma délivrance et
» la naissance d'une fille... La seconde fut,
» huit jours après, sauvée par le major Van
» Ruyter... »

TOUS. Van Ruyter !...

GUILLAUME, *continuant.* « Toutes deux
» ont été emportées à Anvers pour y être dé-
» posées dans l'asile des orphelins. » (*Parlant.*) Mes enfants... Jeanne!... Marie!... vous êtes sœurs.... vous êtes mes deux filles !...

JEANNE *et* MARIE *tombant dans ses bras.* Mon père!

MARIE. Jeanne, ma sœur !.... Ah ! voilà donc pourquoi je t'aimais tant !

JEANNE. Ma sœur, le ciel avait le secret de notre amitié sainte !

MARIE. Et le ciel nous conduisait dans les bras de notre père !...

BERTHOL, *à Daniel.* Et je suis gendre du prince, Daniel.

DANIEL, *à Berthol.* Tout s'arrange à merveille.

BERTHOL. Le diable est battu !

GUILLAUME, *à Georges.* Et que ne vous dois-je pas, à vous jeune homme qui m'avez apporté tant de bonheur!... Comment pourrai-je vous récompenser?...

GEORGES, *désignant l'Étranger.* En réhabilitant mon père...

GUILLAUME. Votre père? (*Examinant l'étranger.*) Lui!... Mais qui donc es-tu, toi, toi, qui, depuis que j'ai remis le pied en Hollande, as pris part à tous mes combats et assisté à tous mes triomphes?

L'ÉTRANGER. Je suis le major Van Ruyter!...

TOUS. Le major!...

GUILLAUME, *avec un mouvement de surprise.* Van Ruyter!...

L'ÉTRANGER. Le major, qui a souffert la trahison, la violence, la prison solitaire, les mille tortures de la cruauté espagnole, et qui a eu le courage de vivre, parce qu'il avait un fils... parce qu'il pressentait qu'un jour.... Mais votre altesse n'a pas achevé la lettre.... lisez, mon prince.... lisez jusqu'à la fin.

GUILLAUME, *lisant.* « Si cet écrit te parvient, récompense et chéris ceux qui se sont dévoués pour nous, et poursuis de ta juste colère ceux qui me traînent sans pitié dans la tombe... Je meurs tuée par un poison que m'a donné l'Espagne, qui me fut préparé par d'Albe l'infâme, et traîtreusement versé par un échappé des galères, qui se nomme Réné Berthol. »

TOUS. Berthol! (*Mouvement de tous, excepté de l'Étranger, de Georges et de Riperda. Daniel s'éloigne spontanément de Berthol, et passe de l'autre côté de la scène. Guillaume parlant.*) René Berthol! lui!...

BERTHOL. Mon prince, l'imposture seule fait ici parler les morts.

GUILLAUME. Berthol, lui qui s'est fait l'époux...

JEANNE, *vivement.* Mon père! votre fille est toujours digne de vous!

L'ÉTRANGER, *l'interrompant très-vivement.*) Les galères entraînent la mort civile, et son mariage est nul.

GUILLAUME, *allant à lui.* Et tu as osé venir jusque dans mon palais?

BERTHOL, *avec audace.* Pour m'approcher de ton trône.

GUILLAUME, *avec une rage concentrée.* Et tu espérais... peut-être?...

BERTHOL, *insolemment.* Y monter un jour.

GUILLAUME *sort convulsivement son poignard du fourreau, se contient, remet son poignard à sa place.... Avec un calme majestueux.* Et ma justice?

BERTHOL. M'a condamné, je le sais, ma tête était l'enjeu... prenez-la... j'ai perdu.

GUILLAUME. Soldats!

TOM, *s'approchant.* Qu'ordonnez-vous, mon prince?

GUILLAUME. Désarmez cet homme.... le monde est à jamais fermé sur lui!... et quant à son complice...

DANIEL. Compagnon, mon prince... pas complice.

JEANNE. Il a quelquefois, mon père, eu pitié de mes larmes.

GUILLAUME. Qu'il choisisse à l'instant le lieu de son exil.

DANIEL. En Portugal, monseigneur... ou sur les bords du Guadalquivir....

GUILLAUME. Vous avez vingt-quatre heures pour quitter nos états.

DANIEL, *s'inclinant.* Je ne me le ferai pas dire deux fois, mon prince.

GUILLAUME. Georges Van Ruyter, vous êtes chargé d'une mission en France, et à votre retour je ne vous oublierai pas.

GEORGES, *s'inclinant.* Mon prince!

GUILLAUME, *tendant la main au Major.* Major Van Ruyter, es-tu content?...

L'ÉTRANGER, *lui baisant la main.* J'ai peur d'en perdre la raison, mon prince...

BERTHOL, *seul, à gauche, entre les soldats.* Glorifie-toi, Satan!... tu m'as vaincu!...

FIN.

Imprimerie de Mme Ve DONDEY-DUPRÉ, rue Saint-Louis, 46, au Marais.

TOME XVII.		TOME XVIII.		TOME XIX.		TOME XX.	
La Femme au salon, c.-v. 2 a.	40	Le Sonneur de St.-Paul, .5 a.	50	Lekain, v. 2 a.	40	L'Alchimiste, d. 5 a.	50
Moustache, c.-v. 3 a.	40	Mademoiselle, c.-v. 2 a.	40	Diane de Chivry, dr. 5 a. par		Naufrage de la Méduse, 5 a.	50
Droits de la Femme, c.-v. 1 a.	30	Maria Padilla. tr. 5 a.	50	Frédéric Soulié.	50	Balochard, c.-v. 3 a.	40
M. de Coyllin, c.-v. 1 a.	30	Paul Jones, drame 5 actes par		Les trois Bals, v. 3 a.	40	La Maîtresse et la Fiancée, 2 a.	40
La Pièce de 24 sous, c.-v. 1 a.	30	Alexandre Dumas.	50	Le Manoir de Montlouvier,	50	Marguerite d'Yorck, mél. 4 a.	40
Fille de l'Airdans son Ménage,	30	Le Brasseur de Preston, op. 3a.	50	Dieu vous bénisse, v. 1 a.	30	Rigobert, mél.-c. 4 a.	50
Philippe III, tr. en 5 a.	50	Françoise de Rimini, t. 3 a.	40	Maurice, c.-v. 2 a.	40	Gabrielle, c.-v. en 2 a.	40
L'Orphelin du Parvis, v. 1 a.	40	Lady Melvil, c.-v. 3 a.	40	Balthilde, d. 3 a.	40	La jeunesse de Gœthe, v. 1 a.	30
La Croix de Feu, mél. 3 a.	40	Tronquette, c.-v. 1 a.	30	Pascal et Chambord, c.-v. 2 a.	40	Émile, v. en 1 a.	30
Pl.ck le Pêcheur, v. 1 a.	30	Le Discours de Rentrée, v. 1 a.	30	Maria, c.-v. 2 a.	40	Le Fils de la Folle, d. 5 a.	50
..nce, c.-v. 3 a.	40	Pierre d'Arrezzo, d. 3 a.	40	La Bergère d'Ivry, d. 5 a.	50	Il faut que jeunesse se passe,	40
L'Escroc du Grand monde, 3a.	40	Les Coulisses, v. 2 a.	40	Mlle de Belle-Isle, drame 5 a.		Un vaudevilliste, 1 a.	30
Les 3 Dimanches, c.-v.	40	Le Marquis en Gage, c.-v. 1 a.	30	par Alexandre Dumas.	50	Le Marché de St-Pierre, par	
Les Chiens du St.-Bernard, 5a.	50	Le Puff, r. en 3 t.	40	Marie Rémond, d.-v. 3 a.	40	Antier et Comberousse.	50
La Figurante, op.-c. 5 a.	50	Claude Stocq, d. 5 a.	50	Simplette, v. 1 a.	30	Amandine, c.-v. en 2 a.	40
La Comtesse de Chamilly, d. 4 a.	40	Jeanne Hachette, d. 5. a.	50	Le Plastron, v. 2 a.	40		

TOME XXI.		TOME XXII.		TOME XXIII.		TOME XXIV.	
Il était temps ! v. en 1 a.	30	Le Château de Saint-Germain,	50	Vautrin, d 5 a.	50	Bocquet Père et Fils, v. 2 a.	40
L'article 960, 1 a.	30	Les Bamboches de l'Année, r. 1	30	L'Ouragan, d.-v. 2 a.	40	Le Mari de ma Fille v. 2 a.	30
L'Art de ne pas monter sa gar.	30	Commissaire extraordinaire,	30	Aubray le Médecin, d. 3 a.	40	La Chouette et la Colombe,	40
L'Ange dans le monde, c. 3 a.	40	Deux Couronnes, com. 1 a.	30	Les Honneurs et les Mœurs,	40	Quitte ou Double, c.-v. 2 a.	40
Christine, 5 a. par F. Soulié.	50	Les Enfans de troupe, c.-v. 2a.	50	Les Dîners à 32 sous, v. 1 a.	30	L'argent, la Gloire et les	
Les chevaux du Carousel, 5 a.	50	L'Ouvrier, drame en 5 actes,		Aînée et Cadette c.-v. 2 a.	40	Femmes, v. 4 a. et 5 t.	50
Laurent de Médicis, tr. 3 a.	40	par Frédéric Soulié.	50	Le Fils du Bravo, v. 1 a.	30	Marguerite, d. 3 a	40
Les 3 Beaux-Frères, v. 1 a.	30	Tremb. de terre de la Martini.	50	Bonaventure, v. 3 a. et 4 t.	40	Paula, d. 5 a.	50
Revue et Corrigée, c.-v. 1 a.	30	La Famille du Fumiste, v. 2 a.	40	L'Éclat de Rire, d. 3 a.	40	Mon ami Cléobul, v. 1 a.	30
Le Loup de Mer, d. 2 a.	40	Les Intimes, v. 1 a.	30	Cocorico, v. 5 a.	40	Édith, d. 4 a	50
Christophe le Suédois, d. 5 a.		La Madone, d. 4 a.	40	Souvenirs de la Marq.de V***,	30	Un Roman intime, c. 1 a.	30
par Joseph Bouchardy.	50	Les Prussiens en Lorraine,	50	La jolie Fille du faubourg,	40	Lazare le Pâtre, d. 5 a.	50
Le Proscrit, d. 5 a.	50	Roland Furieux, f.-v. 1 a.	30	Le fin mot, c.-v. 1 a.	30	L'École des Journalistes, c. 5a.	50
Le Massacre des Innocens, 5 a.	50	Un Secret, dr.-v. 3 a.	40	Le Château de Verneuil, d. 5a	50	Cicily, c.-v. 2 a.	40
Thomas l'Égyptien, v. 1 a.	30	L'Abbaye de Castro, d. 5 a.	50	La Maréchale d'Ancre, d. 5. a.	50	Newgate, d. 4 a.	50
Clémence, c.-v. 2 a.	40	La Famille de Lusigny d. 3 a.	40	Les Pages et les Poissardes,	40	Le Père Marcel, c.-v. 2 a.	40

TOME XXV.		TOME XXVI.		TOME XXVII.	
L'Hospitalité, v. 1 a.	30	Une Vocation, com.-v. 2 a.	40	Ivan de Russie, tragédie.	50
Le Guitarrero, op.-c. 3 a.	50	La Sœur de Jocrisse, v. 1 a.	40	Le Dérivatif, vaudeville.	40
La Fête des Fous, d. 5 a.	50	Van-Bruck, com.-v. 2 a.	40	Un Bas bleu, vaudeville.	40
La Favorite, op. 4 a.	50	Le Marchand d'habits, dr. 5 a.	50	Les Filets de Saint-Cloud.	50
Le Neveu du Mercier, dr.-v. 3 a.	50	Mon ami Pierrot, c.-v. 1 a.	40	Lorenzino, drame en 5 act.,	
Le Perruquier, dr. 5 a.	50	La Lescombat, dr. 5 a.	50	par M. Alex. Dumas	50
Zacharie, dr. 5 a.	50	Zara, dr. 4 a.	50	La Plaine de Grenelle, d. 5 a.	50
Tiridate, c.-v. 1 a.	40	Langeli, com.-v. 1 a.	40	La Dot de Suzette, d. 5 a.	50
La Bouquetière, dr.-v. 3 a.	40	Murat, pièce en 3 a., 14 tab.	50	Amour et Amourette, v. 5 a.	50
Jacques Cœur, dr. 5 a.	50	Trois œufs dans un panier, 4 a.	50	Paris le Bohémien, d. 5 a.	50
L'École des Jeunes filles, d. 5 a.	50	Mathieu Lue, dr. 5 a., en vers.	50	Les Brigands de la Loire, d.	
La Protectrice, c. 1 a.	40	Caliste, com.-vaud. en 1 a.	40	5 actes.	50
Manche à Manche, c.-v. 1 a.	40	L'Aveugle et son Bâton, 1 a.	40	Margot, v. 1 a.	40
Un Mariage sous Louis XV,		Paul et Virginie, dr. 5 a.	50	Paris la nuit, d. 5 a. 8 t.	50
par Alexandre Dumas.	50	Les Enfants Blancs, dr. 5 a,	50	Émery le négociant, d. 3 a.	50
Fabio le Novice, dr. 5 a.	50	La Voisin, mél. 5 a.	50	La Salpêtrière. dr. 5 a.	50

PIÈCES NOUVELLES DU MAGASIN THÉATRAL.

La Dot d'Auvergne, v. 1 a.	40	Brisquet, c.-v. 2 a.	50	Les Iles-Marquises, revue en		L'Epicier de Chantilly, v. 2 a.	50
Claudine, dr. 3 a.	50	Les Grands et les Petits. 5 a.	50	2 actes.	50	L'Etourneau, vaud. en 3 act.	50
L'Hôtel des 4 nations, c.-v.	40	Le Héros du marquis de 15 sous.	50	Mémoires de deux jeunes Ma-		Le Bachelier de Ségovie, c. 5 a.	50
Les Chanteurs ambulants, 3 a.	50	La jeune et la vieille garde, 1 a.	40	riées, vaudeville en 1 acte.	40	Un mauvais ménage, dr. 3 a.	50
Séducteur et Mari, d. en 3 a.	50	Les 2 Sœurs, c.-v. en un a.	40	L'art de tirer des carottes. 1 a.	40	Aubry le Boucher, dr. 4 act.	50
Céline, c.-v. 2 a.	40	Adrienne, vaud. en un acte.	40	Une Idée de médecin, v. 1 a.	40	Les orphelines d'Anvers, d. 5 a.	50
Les Pilules du Diable, 3 a. 20 t.	50	Les Fumeurs, c.-v. en 2 a.	50	Le Laird de Dumbiky, c. en 5 a.		Jeanne d'Arc ou prison, v. 1 a.	30
Les 2 Brigadiers, vaud. 2 a.	40	6,000 fr. de récompense, d. 5a.	50	par Alexandre Dumas.	50	
Le Roi d'Yvetot, op.-com. 3 a.	50	Les petites misères de la vie. 1 a.	40	La duchesse de Châteauroux,		
L'Auberge de la Madone, d. 5 a.	50	Gloire et perruque, v. en 1 a.	40	dr. eu 4 a.	50	
Les ressources de Jonathas, 1 a.	40	Les Demoiselles de St-Cyr. 5 1 f.		Marjolaine, v. 1 a.	40	
Davis ou le bonheur d'être fou	50	Le prisonnier en Sibérie, d. 3 é.	50	Molière au 19e siècle, c. 1 a.	40	
Halifax, c. 4 a. avec prol.	50	Lénore, drame en 5 actes.	50	Les trois amis, dr.-v. en 3 a.	50	
La Belle-Amélie, c.-v. 1 a.	40	Quand l'amour s'en va...v. 1 a.	40	Karel Dujardin, c. 1 a.	40	
Le prince Eugène, 3 a. 14 t.	50	Un Secret de famille, d.-v. 3 a.	50	La Famille Cauchois, c. 5 a.	50	
Le baron de Lafleur, c. 3a. en v.	50	Paris, Orléans et Rouen, v. 3a.	50	Le Vieux Consul, tr. en 5 a.	50	
Vision du Tasse, 1 a. en v.	30	Les Dévorants, c.-v. 2 a.	50	Champmeslé, c. 1 a.	50	
La Main droite et la Main		Un Jour d'orage, c.	40	L'Oncle à succession, c-v. 2 a.	50	
gauche, drame en 5 actes. 1 f.		L'Écrin, c.-v 3 a.	50	Jane Grey, tr. 5 a.	50	
Madeleine, dr. en 5 a.	50	Les Bohémiens de Paris, d. 5 a	50	Alberta Ire, c.-v. 2 a.	50	
Mlle de la Faille, d. 5 a. 9 t.	50	Paméla Giraud, dr. 5 a.	50	Gazette des Tribunaux, v. 1 a.	50	
L'Extase, c.-v. 3 a.	50	Don Quichotte et Sancho Pança,		Jacques le Corsaire, dr. en 1 a.	50	
Le Menuet de la Reine, 4 a.	50	pièce en 13 tableaux.	50	La Grisette de qualité, v. 3 a.	50	
Les Mille et Une Nuits, 4 a.	50	Une Campagne à deux, c.-v. 1a.	40	Le Mari à la campagne, c. 3 a.	50	
L'Enlèvement de Déjanire, v.	50	Le Déserteur, op.-com. 3 a.	50	Petits métiers de Paris, v. 3 a.	50	
Redgauntlet, d. 3 a. avec pr.	50	Lucio, drame en 5 actes.	50	Qui se ressemble se gêne, v. 1a.	40	
Le succès, com. 2 en actes.	50	Pierre Landais, dr. en 5 a.	50	Le Rodeur, dr. 5 a.	50	
Le palais-royal, la bastille, 4 a	50	La Croix d'acier, dr. en 1 a.	30	Paris voleur, vaud. 6 a.	50	
La chambre verte, c.-v. 2 a.	50	L'Homme blasé, vaud. en 2 a.	50	Don César de Bazan, dr. 5 a.	50	
Les enfants trouvés, dr. 3 a.	50	Louise Bernard, drame en 5 a.		7 Châteaux du diable fér. 3 a.	50	
La dre nuit d'A. Chénier, mon.	30	par Alexandre Dumas.	50	Le Bal Mabille, c-v. en 1 a.	40	
Le soleil de ma Bretagne, 3 a.	50	Stella, drame en 5 actes.	50	Un Amant malheureux, v. 2 a.	50	
Un mauvais père, d.-v. 3 a.	50	L'Ombre, ballet.	30	Le maçon et le banquier, 3 a.	50	
Marguerite Fortier, d. 4 a. 1 pr.	50	Le Vengeur, drame en 3 a.	50	Calypso, féerie-myth. 3 tab.	50	
La famille Renneville, d. 3 a. p.	50	Le Théâtre et la Cuisine, v. 2 a.	50	Les 3 péchés du diable, v. 1 a.	40	

www.ingramcontent.com/pod-product-compliance
Lightning Source LLC
La Vergne TN
LVHW022335170726
843503LV00008B/3379